LAS MENINAS

TEATRO

ANTONIO BUERO VALLEJO

LAS MENINAS

Edición y guía de lectura
Virtudes Serrano

COLECCIÓN AUSTRAL

Primera edición: 26-VIII-1999
Cuarta edición: 29-V-2006

© *Herederos de Antonio Buero Vallejo, 1960*

© *De esta edición: Espasa Calpe, S. A., 1999*

Diseño de cubierta: Tasmanias

Depósito legal: B. 23.584-2006
ISBN 84—239—7473—1

Espasa, en su deseo de mejorar sus publicaciones, agradecerá cualquier sugerencia que los lectores hagan al departamento editorial por correo electrónico: sugerencias@espasa.es

Impreso en España/Printed in Spain
Impresión: Book Print Digital, S. A.

ESPASA

Editorial Espasa Calpe, S. A.
Vía de las Dos Castillas, 33. Complejo Ática - Edificio 4
28224 Pozuelo de Alarcón (Madrid)

ÍNDICE

INTRODUCCIÓN de Virtudes Serrano 9
   Antonio Buero Vallejo y el teatro histórico 10
   Felipe IV y su tiempo en algunos textos de la
     dramaturgía española actual 25
   Velázquez en su historia 31
   Velázquez para el pintor-dramaturgo Buero 34
   Las Meninas de Antonio Buero Vallejo 38

BIBLIOGRAFÍA ESENCIAL COMENTADA 53

LAS MENINAS

Parte primera 65
Parte segunda 153

GUÍA DE LECTURA por Virtudes Serrano 209
   Cronología 211
   Documentación complementaria 219
   Taller de lectura 227

INTRODUCCIÓN

A quien fue mi maestro y compañero en el dominó.

El estreno de LAS MENINAS de Antonio Buero Vallejo tuvo lugar el 9 de diciembre de 1960, en el Teatro Español de Madrid; en el mismo escenario, veintiún años antes, había obtenido el éxito que lo consagró como el innovador de la dramaturgia española de posguerra, con su *Historia de una escalera*. Con el texto sobre Velázquez, Buero rendía tributo y homenaje al pintor aurisecular a quien desde su infancia admiraba, dando además un nuevo ejemplo del buen hacer literario y dramático que en su ya entonces amplia trayectoria había venido mostrando. No faltaron, sin embargo, voces romas que se levantaron contra la falta de rigor histórico que, según los detractores, se enseñoreaba de la historia y del personaje.

Desde las páginas de *ABC*, Fernández de la Mora afirmaba que «la reconstrucción que Buero nos brinda de Don Diego es absolutamente inadmisible a causa de su radical y palmaria inautenticidad»[1]. Mariano Daranas, que ya había atacado al dramaturgo en otras ocasiones, lo hace en ésta escudándose en criterios de veracidad

---

[1] «Demasiada fantasía», 17 de diciembre de 1960, pág. 3.

histórica: «Adrede, en el Madrid contemporáneo se emprende y se remata la operación comercial de transformar a Velázquez, genial pintor de casa y boca, favorito obsequioso de un monarca y una corte, en reo de camarillas envidiosas y fiscal de poderes oligárquicos»[2]. La cuestión fue debatida, hasta el punto de aparecer en la sección de «Cartas de los lectores» de alguna publicación y de ser aludida en una conferencia que un diplomático francés dio en París[3]. No obstante, estas voces no pudieron aminorar los valores de un drama que obtuvo el aplauso unánime del público y las mejores críticas de aquellos que contemplaron el espectáculo sin malintencionadas reservas previas[4].

Antonio Buero Vallejo y el teatro histórico

«¿No conocen la historia? [...] Yo finjo muchas, pero ésta pudo ser verdadera. ¿Quién dice que no?» En la pregunta que Martín, el personaje de LAS MENINAS, dirige al público, al iniciarse el drama que ha de presenciar, descansa la actitud de Antonio Buero Vallejo ante el material

---

[2] «Retablo para un Pim, Pam, Pum», *Informaciones*, 8 de marzo de 1961, pág. 14.

[3] Pueden verse Augusto Vera Leal, «*Las Meninas*», *La Actualidad Española*, 29 de diciembre de 1960, pág. 4; C. L. Álvarez, «Un Velázquez de ocasión», dirigida a Ángel Fernández Santos, *Índice*, 145, enero de 1961, pág. 27; y F. G. R., «Velázquez en París», *Blanco y Negro*, 4 de febrero de 1961.

[4] La obra tuvo mayor número de representaciones que otras precedentes del autor. Como se verá en el apartado de «Opiniones de la crítica periodística posterior al estreno» (págs. 220-226 de esta edición), la mayor parte de la crítica fue favorable a texto y espectáculo, al igual que los juicios que posteriormente fueron surgiendo, en los que se reconocía a Buero el derecho a «inventarse el Velázquez que pudo haber sido» (Guillermo Díaz-Plaja, «Velázquez, personaje teatral», *Cuestión de límites*, Madrid, Revista de Occidente, 1963, pág. 183).

que la historia le suministra para su creación artística que, como él mismo recordaba en 1980:

> Por ser teatro y no historia, es además el teatro histórico labor estética y social de creación e invención. [...] Que [...] el autor no tiene por qué ceñirse a total fidelidad cronológica, espacial o biográfica respecto de los hechos comprobados, es cosa en la que no hay que insistir. Un drama histórico es una obra de invención, y el rigor interpretativo a que aspira atañe a los significados básicos, no a los pormenores [5].

Como se ha visto, fue precisamente el concepto de *verdad* histórica lo que suscitó mayor controversia tras el estreno de LAS MENINAS en 1960; y, aunque en todas las épocas el purismo más extremado convive con los criterios de tolerancia, parece lógico pensar que en la actualidad, finalizando el milenio y con un bagaje cultural y creativo más que apreciable, revivir la polémica sobre lo que es, o no, teatro histórico, atendiendo a un criterio de exactitud documental, resulta, cuando menos, irrelevante. Si algo hemos podido aprender de la evolución de las artes en este siglo es la flexibilidad que la creación estética posee, y si algún privilegio tiene el creador es el de poder manejar sin objetividad («poéticamente») lo que los universos referenciales le suministran como materiales moldeables en sus manos [6]; José María Rodríguez Méndez,

---

[5]   Antonio Buero Vallejo, «Acerca del drama histórico», *Obra Completa*, II, edición crítica de Luis Iglesias Feijoo y Mariano de Paco, Madrid, Espasa Calpe, Clásicos Castellanos, 1994, pág. 826. En adelante, citaremos los textos de Buero por esta edición *(O. C.)*.

[6]   Son numerosos los estudios que se han ocupado y se ocupan de delimitar, conceptualizar, definir, clasificar y analizar el teatro histórico. Una visión actual del estado de la cuestión puede verse en José Romera Castillo y Francisco Gutiérrez Carbajo (eds.), *Teatro histórico (1975-1998): textos y representaciones,* Madrid, Visor, 1999, volumen que recoge las actas del VIII Seminario Internacional del Instituto de

tenaz cultivador del teatro de tema histórico, alude a su
producción referida al pasado, y a la de otros dramaturgos españoles coetáneos a él, con el término «historicista» [7]. Buero, siempre preciso en sus apreciaciones, recordaba en el mencionado artículo «Acerca del drama
histórico» que un «magistral» ejemplo de tal género es
Madre Coraje de Bertolt Brecht, y «ni uno solo de sus
personajes, sin embargo, ni por consiguiente sus situaciones personales proceden de la historia. [...] Mas no por
ello regatearíamos a *Madre Coraje* su condición, incluso
paradigmática, de obra histórica»; y afirma más adelante
que «el derecho a la imaginación escénica no debe discu-
tírsela ni aun cuando contradiga en parte lo que sabemos
acerca de las figuras que pone sobre las tablas».

   Las afirmaciones de Buero no se producen desde el vacío; ya Aristóteles advertía que «el historiador y el poeta
no se diferencian por decir las cosas en verso o en prosa

Semiótica Literaria, Teatral y Nuevas Tecnologías [«Teatro Histórico
(1975-1998): textos y representaciones»], que tuvo lugar en Cuenca
del 25 al 28 de junio de 1998. José Romera ofrece así mismo una completa síntesis bibliográfica sobre el tema en las notas finales de su Prólogo a José María Rodríguez Méndez, *Reconquista (Guiñol histórico).
La Chispa (Aguafuerte dramático madrileño)*, Madrid, Universidad
Nacional de Educación a Distancia, 1999, págs. 35-48.

   [7] «Mi teatro historicista» fue el título de la ponencia que el dramaturgo, autor de *Historia de unos cuantos*, pronunció en el citado seminario de Cuenca en 1998. El texto figura en el volumen citado *Teatro
histórico (1975-1998)* y sirve de apoyo autobiográfico para el Prólogo
de Romera Castillo también citado en la nota 2. El estudioso alude en
la nota 24 del trabajo a las opiniones de Rodríguez Méndez expresadas
en un coloquio celebrado en la Fundación Juan March (*Teatro español
actual*, Madrid, Fundación Juan March, 1977, págs. 126-127), donde
afirmaba: «Las obras que yo he escrito y las que ha escrito Antonio
Gala y las que ha escrito Martín Recuerda me parece más bien que son
historicistas; o sea, utilizan la historia, tienen la historia como marco o
como distanciamiento para expresar situaciones sociales o humanas
que se pueden parangonar, se pueden equiparar perfectamente con épocas actuales».

(pues sería posible versificar las obras de Herodoto, y no sería menos una historia en verso que en prosa); la diferencia está en que uno dice lo que ha sucedido, y el otro, lo que podría suceder»[8]. Idéntico criterio exhibía Martínez de la Rosa, cuando en sus «Apuntes sobre el drama histórico» avisaba de que «el poeta no es cronista»[9]. Más próximo a nuestros días, Georg Lukács afirma que «la autenticidad histórica del drama no está en esos detalles de los hechos históricos singulares, sino en la verdad histórica interna de la colisión», y resume su punto de vista ante el problema uniendo su opinión a la de otros grandes autores:

> La posición historicista representada por Goethe y Hegel, Pushkin y Belinski se centra esencialmente en la convicción de que la fidelidad histórica del poeta consiste en la fiel reproducción poética de las grandes colisiones, de las grandes crisis y revoluciones de la historia. Para expresar con adecuación poética esta concepción *histórica,* el poeta puede manejar con entera libertad los hechos particulares, mientras que la mera fidelidad a los hechos históricos sin esa conexión interna carece poéticamente de todo valor[10].

Buero inaugura en la dramaturgia española de la posguerra una fórmula nueva de abordar el tema de la historia en el teatro, lo que lo sitúa dentro del canon que se reconoce universalmente a dramaturgos que en los mismos años que el nuestro lo llevaron a cabo de igual manera, como es el caso del norteamericano Arthur Miller:

---

[8]   Aristóteles, *Poética,* edición trilingüe de Valentín García Yebra, Madrid, Gredos, 1974, IX, 1.451b.

[9]   Francisco Martínez de la Rosa, «Apuntes sobre el drama histórico», en *La conjuración de Venecia,* edición de M.ª José Alonso Seoane, Madrid, Cátedra, 1993, pág. 303.

[10]   Georg Lukács, «La novela histórica y el drama histórico», *La novela histórica,* México, Ediciones Era, 1977[3], págs. 181 y 201.

La nueva visión del teatro histórico de posguerra tiene
sin duda su comienzo en 1958, con el estreno de *Un soñador para un pueblo,* de Antonio Buero Vallejo. Nos
encontramos en este drama con un teatro histórico de
sentido crítico que busca una visión distinta y no condi-
cionada previamente de algunos relevantes sucesos y
personajes del pasado. [...] Es en los dramas históricos
fácilmente perceptible la preocupación por los problemas generales del hombre y por cuestiones concretas de
la sociedad actual[11].

Para el autor de LAS MENINAS, «cualquier teatro, aunque sea histórico, debe ser, ante todo, actual»[12]. De tal
forma que, así considerado, el drama histórico cubrirá
dos metas: la de recuperar un ayer, por conflictivo, olvidado, y la de reflexionar sobre acciones y comportamientos que, por ser inherentes al hombre o a la sociedad, son
intemporales. Lo expresa el dramaturgo con esa clarificadora frase que es cita obligada, al tratar el tema que anali-
zamos, para entender su actitud y la de todos aquellos autores que han seguido su huella[13]:

La historia misma nada nos serviría si no fuese un conocimiento por y para la actualidad, y por eso se reescribe
constantemente. El teatro histórico es valioso en la medida en que ilumina el tiempo presente, y no ya como

---

[11]   Mariano de Paco, «Teatro histórico y sociedad española de posguerra», en *Homenaje al profesor Antonio de Hoyos,* Murcia, Real
Academia Alfonso X el Sabio, 1995, págs. 408 y 409.
[12]   «Acerca del drama histórico», cit., pág. 827.
[13]   Sobre la influencia de Buero en el teatro español posterior, véase
Mariano de Paco, *Antonio Buero Vallejo en el teatro actual,* Murcia,
Escuela Superior de Arte Dramático, 1998; y «La huella de Buero en el
teatro español contemporáneo», *Entre actos: Diálogos sobre teatro español entre siglos,* edición de Martha T. Halsey y Phyllis Zatlin,
Pennsylvania, University Park, Estreno, 1999, págs. 207-217.

simple recurso que se apoye en el ayer para hablar del ahora, lo que si no es más que recurso o pretexto, bien posible es que no logre verdadera consistencia. El teatro histórico ilumina nuestro presente cuando no se reduce a ser un truco ante las censuras y nos hace entender y sentir mejor la relación viva existente entre lo que sucedió y lo que nos sucede. Es el teatro que nos persuade de que lo sucedido es tan importante y significativo para nosotros como lo que nos acaece, por existir entre ambas épocas férrea, aunque quizás contradictoria, dependencia mutua [14].

Buero había escrito y estrenado obras ambientadas en el ayer mítico y literario y había hablado del interés de las recreaciones del pasado incluso antes de salir a la luz *Un soñador para un pueblo,* su primer gran texto histórico. En 1948 escribe *Las palabras en la arena.* En esta picza breve, basada en un pasaje bíblico, el autor confiesa su intención de «dignificar un problema matrimonial tocado en nuestro tiempo con demasiada torpeza y de introducir en la forzada brevedad de un acto, con su acción necesariamente rápida, el fondo y la complejidad de una tragedia verdadera» [15]. Y en otro momento indica que «la obra quiere apuntar también [...] la tragedia de aquella hipócrita y decadente sociedad romanojudaica, pervertida hasta el tuétano de los huesos, ante las luminosas e implacables palabras de la nueva moral cristiana» [16]. En definitiva, establecer una reflexión desde el pasado hacia el presente.

En 1952, sube a escena *La tejedora de sueños,* una versión del mito homérico con evidente intención actualiza-

---

[14]   «Acerca del drama histórico», cit., pág. 828.
[15]   Antonio Buero Vallejo, «Autocrítica de *Las palabras en la arena»*, *O. C.,* II, cit., pág. 320.
[16]   Antonio Buero Vallejo, «Comentario de *Las palabras en la arena»*, *O. C.,* II, cit., pág. 351.

dora: «Nadie puede, aunque quiera, dejar de tratar los
problemas de su tiempo; y, desde luego, no fue esa mi intención. Si la expresé a través del mito de Penélope en lugar de escribir la historia de cualquier mujer de nuestros
días que tenga el marido en un frente de lucha, fue porque
ese mito ejemplariza a tales historias con una intensidad
acendrada por los siglos, y porque las seguirá represen-
tando en el futuro mejor que cualquiera de ellas» [17]. En
1953, con *Casi un cuento de hadas,* maneja, bajo la nueva

---

[17]   Antonio Buero Vallejo, «Comentario a *La tejedora de sueños»,
O. C.,* II, cit., pág. 353. El mito de Penélope ha sido objeto de múltiples
versiones en la dramaturgia española de posguerra. Buero alude en la
«Autocrítica de *La tejedora de sueños» (O. C.,* II, cit., págs. 338 y 339)
a la que en 1946 escribió Torrente Ballester *(El retorno de Ulises)* y a
Penélope ya no teje, de la argentina Malena Sandor. Explica el dramaturgo que la versión de Torrente, conocida después de tener concebida
la suya, le hizo cambiar sus planteamientos escénicos («Comentario a
La tejedora de sueños», O. C., II, cit., pág. 354). De 1958 es *Ulises o el
retorno equivocado,* de Salvador S. Monzó, un drama que actualiza el
mito para mostrar la conmoción familiar que produce la vuelta, tras
ocho años de ausencia, de un prisionero de guerra que marchó a ella
voluntariamente. *La Odisea* es el título de una obra breve de José Ricardo Morales, incluida en su *Teatro de una pieza* (Santiago de Chile,
Editorial Universitaria, 1965, págs. 9-27); en ella el mito griego es el
símbolo que marca destinos actuales; como en otras, el tiempo de la
historia dramática está extrapolado al del momento de la escritura. En
1971, Domingo Miras escribe *Penélope,* dedicada «Al autor de *La tejedora de sueños»* (en Domingo Miras, *Teatro Mitológico,* edición de
Virtudes Serrano, Ciudad Real, Diputación, Biblioteca de Autores
Manchegos, 1995, págs. 109-180). Antonio Gala estrenó en 1973 *¿Por
qué corres, Ulises?;* Carmen Resino realiza su versión contemporánea
del mito griego en *Ulises no vuelve,* que obtuvo el accésit del Premio
Lope de Vega en 1974. De entre las dramaturgias más jóvenes podemos citar *Las voces de Penélope,* de Itziar Pascual, accésit del Premio
Marqués de Bradomín, 1997. Sobre distintas versiones de mitos grie-
gos en el teatro español actual puede verse María José Ragué-Arias, *Lo
que fue Troya,* Madrid, Asociación de Autores de Teatro, [1992]; y,
acerca del de Ulises, José C. Paulino, «Ulises en el teatro español contemporáneo. Una revisión panorámica», *Anales de la literatura española contemporánea,* 19, 3, 1994, págs. 327-342.

intención iluminadora, el argumento del cuento de Perrault *Riquete el del copete*. El autor encontraba los perfiles de una tragedia esperanzada y humana en la decisión final de los protagonistas: «La pareja central decide vivir en la esperanza, confirmando así el sentido trágico del desenlace, pues es una curiosa peculiaridad de la tragedia que la esperanza final pueda reforzar su sentido en lugar de aminorarlo» [18].

Será, sin embargo, en 1958, con el estreno de *Un soñador para un pueblo,* cuando lo histórico adquiera en el teatro de Buero matices personalizadores, y no sólo por la evidente importancia del nuevo concepto con el que está manejado el pasado, sino porque con esta modalidad teatral realizará también significativos avances estéticos y técnicos. Es de sobra conocida la preocupación de nuestro primer dramaturgo actual por la experimentación y renovación en el ámbito de los elementos de construcción dramatúrgica para la puesta en escena de sus textos. Sobre estas cuestiones, reflexiona el autor en la última parte de su artículo «Acerca del drama histórico» y se pregunta si para tal tipo de teatro «existen formas privilegiadas que lo faciliten» (pág. 828); comenta cómo se han desarrollado, sobre todo, las formas «alegóricas, farsescas y esperpénticas», que él acepta pero no considera excluyentes: «Son modos creadores legítimos para determinadas obras. Pero si los tomásemos como fórmulas únicas o como las más auténticas podríamos favorecer la privanza de un teatro infantilizado, de someras situaciones didácticas y de acartonadas marionetas que, paradójicamente, suscitasen en el público la nada formativa y petulante

---

[18]   Antonio Buero Vallejo, «Comentario de *Casi un cuento de hadas»*, *O. C.,* II, cit., pág. 386. Inspirándose en los personajes cervantinos de Don Quijote y Sancho, en 1967 escribe *Mito,* «Libro para una ópera», que no llegó a estrenarse. Sus personajes están construidos bajo el signo especular e iluminador que venimos comentando.

sensación de una superioridad ilusoria» (pág. 829). Prefiere el esperpento, bien entendido, como vía de expresión; sin embargo, considera que lo adecuado sería matizar la «mirada desde el aire» con la situación «en pie» porque «nos acerca e identifica mejor con seres de ficción a nuestra misma altura humana» (pág. 829). Termina su reflexión afirmando que el autor de dramas históricos dispone en la actualidad «de un denso repertorio lingüístico. Puede escribir tragedias totales, puede hacer obras trágico-esperpénticas, puede usar de la farsa, puede matizar todo ello con significativos aspectos superrealistas o expresionistas», y su grandeza reside en saber usar de todos y cada uno de ellos, sin eludir la función crítica que la pieza debe poseer. «Seamos implacables en la crítica, pero abundantes y pluralistas en las formas de creación», aconseja [19].

Con relación a la estructura, en el mismo texto se habla de la construcción multisignificativa, de la necesidad de que el arte (el teatro histórico) deje campo interpretativo al receptor; plantee enigmas, o, como hiciera su Veláz-

_____

[19]   Véase «Acerca del drama histórico», cit., pág. 289. En los diversos artículos e intervenciones en coloquios y entrevistas en los que se manifiesta sobre los grandes clásicos de nuestro tiempo (Valle-Inclán y Brecht) que de una u otra manera han expresado su crítica hacia la sociedad actual con estéticas innovadoras —«desde el aire», o mediante el «distanciamiento»—, Buero considera que estos autores, no obstante sus teorías basadas en el alejamiento deformante u objetivador, han dejado entrar el componente de cercanía que les concede humanidad y grandeza en la realización práctica de sus obras (véase Antonio Buero Vallejo, «De rodillas, en pie, en el aire», *O. C.*, II, cit., págs. 197-211). En «Actualidad de Brecht» *(O. C.,* II, pág. 989) respondía a una encuesta de la revista *Primer Acto* (mayo de 1973) y explicaba: «Brecht ha ejercido, además de una aproximación científica a lo real, una aproximación poética. [...] Afortunadamente para nosotros y para él, Brecht es más complejo que el brechtismo. Y por eso los mejores dramaturgos que de él parten incorporan a sus obras bastantes de los ingredientes que desaconsejó en sus formulaciones teóricas, pero que, bajo nuevas miradas, también se hallan en su admirable teatro».

quez, deje los límites *imprecisos* porque la mirada del
pintor escruta los ojos (el alma, el espíritu) de la figura
representada:

> NARDI.—[...] Mas al pintar así desprecia al modelo
> sin darse cuenta..., aunque el modelo sea regio. [...]
> VELÁZQUEZ.—[...] Cuando miráis a los ojos de una
> cabeza, ¿cómo veis los contornos de esa cabeza?
> NARDI.—*(Lo piensa.)* Imprecisos.
> [...]
> VELÁZQUEZ.—[...] Vos creéis que hay que pintar las
> cosas. Yo pinto el ver.

Los grandes dramas históricos de Antonio Buero Vallejo *Un soñador para un pueblo* (1958), LAS MENINAS
(1960), *El concierto de San Ovidio* (1962), *El sueño de la
razón* (1970) y *La detonación* (1977) reflejan, como sus
versiones anteriores comentadas, la intención del autor de tratar el pasado —real, ficticio o legendario— con
una visión especular del hoy, pero también se lleva a cabo
en ellos una interesante tarea de investigación formal que
la crítica ha destacado y que comienza en *Un soñador
para un pueblo*. El propio dramaturgo establece las constantes y las diferencias en su teatro. En 1960, hablando
sobre dos de sus últimas obras, decía [20]:

> Desde mis primeras tentativas escénicas son los perfiles
> trágicos del hombre y de la sociedad en que vive los que
> me han importado decisivamente para mi propio teatro.
> [...] Tragedias, además, españolas; pues una misma preo-
> cupación española posee a estos dos dramas [*Hoy es
> fiesta* y *Un soñador para un pueblo*], de tan distinta apa-
> riencia.

---

[20] «Buero Vallejo nos habla de *Hoy es fiesta* y *Un soñador para un
pueblo*», *Negro sobre Blanco*, núm. 12, abril de 1960. Reproducido en
O. C., II, cit., págs. 420-425.

Las diferencias externas entre ambos empiezan por la técnica. *Hoy es fiesta* se desarrolla en construcción cerrada y atenida prácticamente a las tres unidades [...]. *Un soñador para un pueblo* es justamente la primera excepción al respecto. La crónica histórica que esa obra glosa reclamaba con toda evidencia una técnica abierta (págs. 421 y 422).

Luis Iglesias Feijoo ha analizado cómo esta nueva técnica abierta afecta a todos los componentes de significación y construcción de un drama (consideración del tiempo, espacialización, uso de la iluminación, ritmo de las escenas) que él califica de «retablo histórico» [21]. Dicha técnica servirá de soporte a su teatro histórico y se irá matizando con otros componentes enriquecedores como los efectos de participación incorporados a *El concierto de San Ovidio, El sueño de la razón* o *La detonación* [22].

El apagón que sumerge al espectador en el atormentado mundo de David, pero también en la incertidumbre del sorprendido Valindin de *El concierto de San Ovidio,* es un procedimiento innovador, ensayado por nuestro autor en su primer texto *(En la ardiente oscuridad).* David Johnston, en su análisis de la pieza, destaca éste como uno de los rasgos de experimentación formal que no sólo se pre-

---

[21] Luis Iglesias Feijoo, Introducción a su edición de Antonio Buero Vallejo, *Un soñador para un pueblo,* Madrid, Espasa Calpe, Austral, 1989, pág. 44. Son, así mismo, de sumo interés los análisis de ésta y las restantes obras de Buero, hasta *Jueces en la noche,* realizados por el profesor Iglesias Feijoo en su monografía *La trayectoria dramática de Antonio Buero Vallejo,* Santiago de Compostela, Universidad, 1982.

[22] Sobre esta característica de implicación del espectador en las dificultades físicas o psicológicas de los personajes buerianos es imprescindible el estudio de Ricardo Doménech, *El teatro de Buero Vallejo. Una meditación española,* Madrid, Gredos, 1993[2], donde analiza los que él denominó «efectos de inmersión». Pueden verse también los capítulos que corresponden a las piezas históricas, en especial el dedicado a *Las Meninas,* y su Introducción a Antonio Buero Vallejo, *Historia de una escalera. Las Meninas,* Madrid, Espasa Calpe, Austral, 1990[16].

senta como «la metáfora central de la obra, sino que se convierte en la principal área de experiencia, dramática para el público y existencial para los personajes» [23]. En *El sueño de la razón,* la faceta constructiva que sobresale es la participación del espectador en la sordera del protagonista y en su alucinado universo mental, reflejado en escena en los espacios sonoros (voces, latidos) y visuales (proyecciones). Sin embargo, no es menos interesante, como ha indicado Mariano de Paco, la integración que en esta obra se produce de la tragedia con elementos de una visión «desde el aire», que reside «en la conciencia simultánea de superioridad creativa y humana miseria» que posee la figura dramática del pintor. «Por todo ello —sigue diciendo el crítico—, podemos considerar *El sueño de la razón* como una tragedia con "su renovada asunción de perfiles orgiásticos y esperpénticos", en la que Buero Vallejo cree que está, si lo hay, el porvenir del arte dramático» [24].

La detonación reúne los caracteres que venimos comentando al tiempo que discurre por nuevos cauces constructivos [25]. El proceso de participación se hace al sumergirse el espectador, a través de la historia escénica, en la mente atormentada de un Larra que, dispuesto ya a apretar el gatillo y a acabar con su existencia, rememora en un

---

[23] David Johnston, Introducción a su edición de Antonio Buero Vallejo, *El concierto de San Ovidio,* Madrid, Espasa Calpe, Austral, 1989[8], pág. 44.

[24] Mariano de Paco, Introducción a Antonio Buero Vallejo, *El sueño de la razón,* Madrid, Espasa Calpe, Austral, 1991[14], págs. 37 y 38.

[25] Luciano García Lorenzo, en su Introducción a Antonio Buero Vallejo, *La detonación. Las palabras en la arena,* Madrid, Espasa Calpe, Selecciones Austral, 1979, pág. 24, afirma: «De una riqueza ideológica fuera de lo común, el carácter narrativo de *La detonación* no ahoga en absoluto los valores dramáticos que el texto indiscutiblemente posee. Y si se pide modernidad, Buero innova con este drama, de la misma manera que [...] buscó nuevas formas de expresión, nuevos caminos de acercamiento al espectador, en muchas de sus piezas anteriores».

instante toda su trayectoria vital; ello, al pasar a escena, compondrá el argumento del drama. El proceso focalizador se completa porque el espectador será partícipe del punto de vista del personaje mediante signos externos de la puesta en escena (las máscaras), informadores visuales del pensamiento del protagonista o de la catadura moral de los seres que los exhiben. No faltan elementos participativos aparecidos como efluvios del subconsciente torturado del suicida; así se muestran las visiones del escritor, y del público, donde aparece Pedro con su hijo muerto, el «espantajo» que representa a Adelita, las figuras de todos los que colaboraron en que se produjera «la detonación», o las voces que lo atormentan.

Otras piezas de Buero pueden ser tenidas por históricas a pesar de que sus protagonistas usen ropas contemporáneas. Son aquellas en las que el autor refleja el pasado próximo de nuestro país a través de un sistema de perspectivas temporales que van del presente o el futuro al pasado para devolvernos una imagen crítica de nuestro acontecer[26]. Desde este punto de vista se pueden analizar obras como *Historia de una escalera,* en la que el autor revisa, instalado en el presente de la escritura de su texto, la historia de la España que él ha conocido (1916-1946), proceso temporal que estructura los tres tiempos del drama. *Aventura en lo gris* podría considerarse como teatro histórico, en tanto que Buero reflexiona sobre la violencia en el marco de una guerra de dimensiones internacionales a pocos años del final de la segunda guerra mundial. Sin duda ninguna, la pieza de más marcado signo histórico de entre las de ambiente actual es *El tragaluz,* cuyos sucesos deben «entenderse como recuperados desde el futuro (Investigadores), juzgados en el

---

[26] Véase Mariano de Paco, «El "perspectivismo histórico" en la obra bueriana», en *De re bueriana,* Murcia, Universidad, 1994, págs. 89-99.

presente (espectadores) y originados en un cercano pasado» [27]. La guerra civil española de 1936, sus abusos y secuelas configuran el telón de fondo de las historias y suministran elementos para la construcción de los personajes en *Hoy es fiesta;* configura también argumentalmente el proceso dramático de *Misión al pueblo desierto,* la última obra escrita por nuestro autor, en el momento de redactar estas páginas. La posguerra y sus secuelas son el telón de fondo de piezas como *Llegada de los dioses* o *La Fundación,* y sirven de soporte temporal al «primer tiempo» de la crónica titulada *Las trampas del azar.*

Desde el inicio del cambio político, después de la muerte de Franco, Buero, testigo fiel de su tiempo, ha relatado los sucesivos relevos de poder, avisando de que éste es capaz de cambiar de máscara (escénicamente lo había plasmado en su versión de la vida de Larra) para permanecer en los que lo ostentan. Así aparece en *Jueces en la noche,* magnífica pieza teatral y valiente consideración de la transición política. El análisis de los problemas de la sociedad democrática va siendo realizado en obras como *Caimán,* donde el suceso, contado por su protagonista desde la distancia temporal, le concede valor histórico, el mismo que poseen los hechos pasados que conmocionan el presente de Lázaro *(Lázaro en el laberinto).*

Para Antonio Buero Vallejo el teatro debe ser «un revulsivo» y ha pretendido desarrollar con el suyo una serie de preocupaciones, entre las que se encuentra la consideración «de nuestras torpezas históricas, que son asimismo actuales» [28]. Por ello creo que la historia, como formante íntimo, está presente en toda su producción y que sería

---

[27]   Mariano de Paco, «El "perspectivismo histórico" en la obra bueriana», cit., pág. 92.
[28]   Antonio Buero Vallejo, «Acerca de mi teatro», en *O. C.,* cit., pág. 459.

minimizar el alcance de una dramaturgia como la que nos ocupa discutir sobre la exactitud del dato, en lugar de apreciar el sentido que tiempo, acciones y personajes proyectan sobre el receptor, sujeto histórico de un tiempo que, colocado ante otro, queda enfrentado a problemas de cualquier época y de la suya.

En este marco, surge el tema del poder y su acción sobre los débiles que, recogiendo la herencia bueriana, tratan dramaturgos de edad, condición y estéticas diversas, como Alfonso Sastre, José María de Quinto, Fernando Arrabal, Lauro Olmo, José Martín Recuerda, José María Rodríguez Méndez, Carlos Muñiz, Fernando Martín Iniesta, Luis Matilla, Jerónimo López Mozo, Alberto Miralles, Manuel Martínez Mediero, José Martín Elizondo o Ana Diosdado; en las postrimerías del franquismo van surgiendo autores y autoras que también se sienten atraídos por los temas que suministra el pasado y los utilizan con el decidido propósito de hacer reflexionar al público sobre los defectos, abusos, carencias y maldades de unos comportamientos que persisten a través de los tiempos. De este bloque destaca Domingo Miras, cuya obra supone una recuperación del ayer de España en diversas vertientes (argumentos, personajes y lenguaje), en una constante reflexión sobre el poder y sus mecanismos aniquiladores. Autoras y autores de la democracia participan de esta herencia de compromiso histórico y actual. Así ocurre con gran parte de la producción de Ignacio Amestoy, cuyas obras históricas «adquieren un sentido que cabe calificar de político» [29], o Carmen Resino, quien, a partir de sucesos, personajes o ambientación pasados, realiza una profunda reflexión acerca del azar como fuerza

---

[29]   Mariano de Paco, «Teatro, Historia, Documento», prólogo a Ignacio Amestoy, *Gernika, un grito. 1937. Betizu. El toro rojo*, Madrid, Fundamentos, 1996, pág. 16.

del destino inversora de las decisiones de los individuos. José Sanchis Sinisterra obtiene su primer gran éxito de público con *¡Ay, Carmela!*, pieza sobre nuestra historia reciente; y desarrolla un profundo análisis *presente-pasado* en los textos sobre la conquista del Nuevo Mundo que componen la *Trilogía americana*. Desde 1983, Concha Romero saca a escena los problemas de la condición femenina a través de mujeres de la historia como santa Teresa (en realidad, su cuerpo incorrupto), Isabel la Católica, su hija Juana, o los personajes de la mitología grecolatina. Pilar Pombo habló de amor y tolerancia, con el marco histórico de la guerra civil española y de la posguerra, en *En igualdad de condiciones*[30]. Entre los autores más recientemente incorporados a la dramaturgia española, con textos que comparten algunos elementos que hemos esbozado, son destacables los nombres de Luis Araujo o Antonio Álamo. Se da el caso de otros que, con más dilatada trayectoria, pertenecientes a etapas anteriores, en los noventa abordan la historia como tema; así, con *La Cabeza del Diablo*, una reflexión sobre el poder en el fin del primer milenio, Jesús Campos se inscribe dentro de este panorama que hemos contemplado en el aquí y ahora español.

FELIPE IV Y SU TIEMPO EN ALGUNOS TEXTOS
DE LA DRAMATURGIA ESPAÑOLA ACTUAL

Sin intención de exhaustividad, mencionaremos algunas de las piezas que en el teatro español posterior a LAS MENINAS de Buero se encuentran ambientadas en la España de Felipe IV, o tienen como protagonista al pintor de

---

[30] Llega ahora a mi conocimiento la triste noticia de su muerte, ocurrida el día 26 de abril de 1999. Desde aquí el sentido homenaje a una tenaz autora del teatro español de nuestro tiempo.

la Corte, y, de una u otra manera, se inscriben dentro del cauce crítico de nuestro autor[31]. Uno de los primeros textos surgidos en las condiciones indicadas es *El caballero de las espuelas de oro,* de Alejandro Casona, estrenado en el Teatro Bellas Artes, de Madrid, en 1964. El tiempo de la fábula dramática, que tiene como protagonista a don Francisco de Quevedo, se distribuye entre los reinados de Felipe III (Tiempo I) y Felipe IV (Tiempo II), y traslada, en palabras de Francisco Ruiz Ramón, «un interesante retrato escenificado del magnífico caballero don Francisco de Quevedo»[32]. María de las Mercedes Marcos Sánchez indica que «*El caballero de las espuelas de oro* [...] pretende adherirse al paradigma del drama histórico propugnado por Buero. Pero Casona no pudo desembarazarse de su talante lírico y a pesar del éxito de público que obtuvo [...] la crítica más joven siguió manifestándose insatisfecha»[33]. No obstante, y salvando todas las distancias que separaban a los autores, parece claro el paralelismo que la crítica observa entre la obra del autor exiliado y la del maestro de la escena española contemporánea.

En los primeros setenta, Domingo Miras inaugura en su dramaturgia una línea de teatro histórico de personalísimo sesgo pero dentro del canon establecido por Buero de recuperar el pasado e iluminar, mediante su represen-

---

[31]   No vamos a referirnos a textos narrativos que recogen sucesos o personajes de la misma época, como *Crónica del rey pasmado,* de Gonzalo Torrente Ballester, ni a piezas teatrales en las que se utilizan personajes velazqueños fuera de su momento histórico, como sucede en *Noche de guerra en el Museo del Prado,* de Rafael Alberti.

[32]   Francisco Ruiz Ramón, *Historia del teatro español. Siglo XX,* Madrid, Cátedra, 1977³, pág. 244.

[33]   Introducción a Alejandro Casona, *El caballero de las espuelas de oro,* Madrid, Espasa Calpe, Austral, pág. 25. A este respecto pueden verse Enrique Sordo [crítica de la representación en Barcelona], *Primer Acto,* 57, 1964, pág. 52, y Ángel Fernández Santos, «Viejos autores, autores nuevos, reposiciones», *Primer Acto,* 62, 1965, págs. 6 y 7.

tación, el presente[34]. En 1973 escribe *La Saturna,* una versión muy libre sobre la madre de Pablos, el Buscón. Aunque la historia dramática es fingida y su procedencia literaria, la presencia de un Quevedo ya mayor, que actúa como personaje en el marco histórico del relato de su pícaro, nos coloca en la época de la que nos estamos ocupando, con un personaje que se cuestiona la labor del escritor —Quevedo— en el siglo XVII, y de cualquier escritor de otro tiempo en idénticas condiciones de represión para el artista e injusticia para el pueblo. Con *Las alumbradas de la Encarnación Benita* entra de lleno Miras en el reinado de Felipe IV. Recoge este drama un suceso que tuvo lugar en el convento de San Plácido de Madrid entre 1628 y 1631, cuando veinticinco monjas, tras declarar tratos con diablos, fueron procesadas por la Inquisición, junto con su capellán e instigador don Francisco García Calderón[35]. A partir de este suceso, el dramaturgo actual habla, como en el resto de su obra, del poder y de sus víctimas. Antonio Buero Vallejo, que prologó el texto, indica: «Más fuerte que el mismo rey, esa trama fatal [la organizada para sostener

---

[34] Sobre el concepto de teatro histórico de Domingo Miras puede verse su artículo, «Los dramaturgos ante la interpretación tradicional de la historia», que apareció junto con el ya mencionado de Buero —«Acerca del drama histórico»— en *Primer Acto,* 187, diciembre de 1980-enero de 1981, págs. 21-23; allí afirmaba: «La historia es una inagotable cantera de hechos teatrales [...]. La opresión, el dolor y la muerte aparecen como constantes en la historia del hombre, ya que la libertad y la justicia son ideales que jamás han sido en ella establemente logrados». Contempla a los individuos históricos como «sombras de gentes que quisieron ser libres, que de una u otra forma lucharon por su libertad»; y piensa que «su cólera y su fuerza pueden aún germinar y crecer en una nueva tierra, en otros corazones»; por ello considera que el teatro, con relación al público, debe ser un «activador».

[35] El suceso tiene amplia documentación histórica; un resumen de la misma puede verse en Virtudes Serrano, *El teatro de Domingo Miras,* Murcia, Universidad, 1991, págs. 221-251.

el poder] se convierte verdaderamente en el fundamental personaje supraindividual que señorea el desenlace del drama» [36].

En otras dos ocasiones Domingo Miras elige el reinado de Felipe IV para sus historias escénicas; en 1986, con *La Monja Alférez,* recrea la sorprendente historia de Catalina de Erauso, que escapó de su convento y pasó por ser hombre entre hombres, durante más de veinte años. El personaje está construido bajo el signo de una actitud de rebeldía feminista e ilustra desde otra óptica el tema de la inútil lucha de los débiles frente a las estructuras. La conciencia que el personaje, aparentemente triunfante, adquiere de la manipulación de que ha sido objeto invertirá el sentido del desenlace haciendo de la victoria derrota. El premio Ciudad de San Sebastián de 1994 se le otorga a Domingo Miras por *El libro de Salomón.* En esta pieza, el intento de engañar a los más fuertes llevó a la perdición a Jerónimo de Liébana, curioso personaje que ejerció la nigromancia en el reinado de Felipe IV durante la privanza de Olivares e intentó embaucar al rey y al ministro con la promesa de haber hallado un tesoro. El conde-duque, que era aficionado a la magia y creía en predicciones, según se refiere en documentos y libelos de la época, quedó durante un tiempo enredado por este pícaro embaucador, aunque, descubierto el engaño, no tuvo piedad para con la víctima.

En 1989, *La sombra del poder,* de Eduardo Galán y Javier Garcimartín, obtuvo el accésit del premio Calderón de la Barca. El argumento de esta pieza recoge la trama, tejida desde el poder, que finaliza en el asesinato del conde de Villamediana, permitido por su real amigo, Felipe IV, e

---

[36]   Antonio Buero Vallejo, «Historia viva», prólogo a Domingo Miras, *Las alumbradas de la Encarnación Benita,* Madrid, La Avispa, 1985, pág. 13. También en *O.C.,* II, cit., pág. 1147.

instigado por su mortal enemigo, el conde-duque. Un Quevedo complaciente hace acto de presencia en esta versión para encargarse de difamar al muerto y exculpar así a la persona real. La imagen del escritor es totalmente distinta de la que dibujara Casona [37]. Ya en solitario, Galán volverá a dramatizar el reinado de Felipe IV en *La amiga del Rey*. Ahora, una anécdota de la vida privada del monarca, sus amores con la famosa actriz María Calderón, conocida como La Calderona, sirve como punto de arranque para reflexionar sobre la fuerza ejercida por el poder sobre los más débiles, a pesar de la resistencia que éstos opongan. Antonio Fernández Insuela comenta sobre la protagonista, víctima en la pieza: «Su condición de mujer que, enamorada de quien no podrá ser nunca su marido, lucha con orgullo por su propia dignidad y la de su hijo configura un entrañable y dramático personaje, víctima de las convenciones y miserias humanas de su época, no muy diferentes de las de otros tiempos: por ejemplo, el nuestro» [38]. La actriz aurisecular es también la protagonista, junto con don Diego de Velázquez, de *La puta enamorada,* de Chema Cardeña, quien en el programa de mano de la representación indicaba: «Tal vez para muchos el teatro clásico, aun bajo un punto de vista contemporáneo, no sea vanguardia o carezca de actualidad pero después de todo lo dicho me pregunto: ¿En verdad hemos cam-

---

[37] Sobre la figura de Villamediana y su relación con el «Rey planeta» ha escrito Luis Federico Viudes *¿Por quién moría Don Juan?* (Murcia, Universidad, 1993). Sobre la versión que Galán y Garcimartín dan de la figura de Villamediana y la relación de su drama con el concepto «iluminador» que Buero concede a esta modalidad teatral puede verse la Introducción de Mariano de Paco a Eduardo Galán y Javier Garcimartín, *La sombra del poder,* Murcia, Escuela Superior de Arte Dramático, 1998, págs. 7-18.

[38] Antonio Fernández Insuela, Introducción a Eduardo Galán, *La amiga del rey,* Murcia, Universidad, 1996, pág. 24.

biado tanto?»[39]. El insigne pintor protagoniza, así mismo, *Los espejos de Velázquez,* de Antonio Álamo[40].

Parece evidente tras este vertiginoso recorrido que, aun sin conciencia explícita de los propios autores, el espíritu de la fórmula teatral iniciada por Buero Vallejo tantos años atrás sigue vigente, lo que denota la categoría incuestionable de quien supo poner el drama español de la segunda mitad de nuestro siglo en los parámetros del canon del drama occidental contemporáneo, inspirando, hasta hoy mismo, a los dramaturgos más jóvenes. Ello desmiente, sin duda ninguna, a algún crítico extranjero que, quizá por desconocimiento de la última dramaturgia española, afirmaba que «el modelo de drama histórico de Buero parece no haber encontrado un continuador que lo adapte a las nuevas circunstancias políticas y sociales»[41]. No es necesario insistir en que una ojeada a estas breves y necesariamente incompletas líneas pone de manifiesto el magisterio de Buero, que expresamente reconocen no pocos autores:

> Imagínense ustedes lo que significa Buero para mí, la profunda influencia que nace de esa conexión inefable que te revela una visión del mundo[42].

---

[39] La obra se estrenó en 1998 y se encuentra publicada en *ADE Teatro,* núm. 75, abril-junio 1999, págs. 119-146. El autor fabula en ella sobre la posibilidad de que La Calderona fuese la modelo de su *Venus.*

[40] Esta pieza, aún inédita y estrenada en mayo de 1999, cuyo conocimiento debemos a la amabilidad del autor, recoge, en una serie de secuencias, que son otros tantos *espejos,* la tradición que caracteriza a Velázquez como artista genial y cortesano oportunista, y dibuja con trazo rápido y amuñecado a los que llevaron las riendas de la España velazqueña.

[41] Herbert Fritz, «El drama histórico de Antonio Buero Vallejo: de la esperanza al desengaño», en Kurt Spang (ed.), *El drama histórico. Teoría y comentarios,* Pamplona, Eunsa, 1998, pág. 268.

[42] Paloma Pedrero, «Pienso en Buero», *Montearabí,* núm. 23 (*Homenaje a Buero Vallejo),* 1996, pág. 81.

Y sí, Buero es muy grande. No hay más que repasar el teatro español actual para observar sus huellas, sea negado o no por sus hijos... [...] Buero está con nosotros, y permanecerá[43].

Su influencia es tan decisiva que sin duda determina mi propia existencia, lo mismo que la de mis compañeros de generación, sean o no conscientes de ello. Buero, por tanto, tiene para mí una doble valoración: no sólo la de gran autor dramático, sino también la de maestro de dramaturgos[44].

VELÁZQUEZ EN SU HISTORIA

El 6 de junio de 1599 es bautizado en la parroquia de San Pedro de Sevilla el que sería al decir de muchos el más grande pintor de todos los tiempos[45]. Entre 1610 y 1617 se licencia como pintor bajo el magisterio de Francisco Pacheco, quien un año después se convertiría en su suegro, al contraer matrimonio el joven artista con la hija de su maestro, Juana Pacheco. En 1621 muere Felipe III y sube al trono Felipe IV, de cuya imagen dejó Velázquez tantas versiones, y que será su mecenas desde 1623. En esta primera estancia en la Corte, triunfó con sus retratos. En 1628 pinta el motivo mitológico de Baco en el lienzo conocido como *Los Borrachos,* en el que los seres que rodean al dios son la imagen de la mendicidad y la degradación en un conjunto en el que dioses y mortales quedan

---

[43]   Ignacio Amestoy, «Buero Vallejo se merece el Nobel», *Diario 16,* 12 de marzo de 1996, pág. 45.

[44]   «Domingo Miras», entrevista de Virtudes Serrano, *Primer Acto,* 247, enero-febrero de 1993, pág. 17.

[45]   Antonio Palomino *(El Museo Pictórico y Escala Óptica,* Madrid, Aguilar, 1947, pág. 892) afirmaba: «Dió muestras de particular inclinación a pintar; y aunque descubrió ingenio, prontitud y docilidad para cualquier ciencia, para esta la tenía mayor».

equiparados, como luego lo estarían las personas reales y los deformes enanos.

En 1629, Velázquez realiza su primer viaje a Italia, lo que supone el contacto con otro universo cultural. De las experiencias de esta visita surge otro de sus grandes cuadros, *La fragua de Vulcano*. A la vuelta a España, en 1631, el rey le encarga el retrato del príncipe heredero, Baltasar Carlos, que con tanto trabajo y después de cuatro malogradas princesas le había dado la reina Isabel; Velázquez pinta al príncipe que contaba poco más de un año, y en igualdad con él estampa la figura de un enano, el primero retratado así por el audaz maestro de Sevilla.

Instalado en la Corte, realiza el retrato ecuestre del conde-duque y pinta *La rendición de Breda,* en 1633. España vive, entre 1633 y 1643, una etapa de profundos problemas de carácter interno y graves conflictos con el exterior; son algunos de ellos: la guerra de la independencia de Cataluña, la sublevación de Portugal, los levantamientos y conspiraciones en Andalucía y la proclamación de Luis XIII de Francia como rey de Cataluña. En 1643, cae el conde-duque. La inestabilidad sigue en aumento; en 1646 se sublevan Sicilia y Nápoles, y dos años después, tras la firma del tratado de Münster, España reconoce la independencia de Holanda. Entre tanto, Velázquez continúa su labor; Jonathan Brown considera esta década de los cuarenta la de la realización de *La Venus del espejo,* y explica que quizá el lienzo se pintase para satisfacción de los sentidos de una persona hipotética a quien él da el nombre de Gaspar de Haro, marqués de Eliche, sobrino del conde-duque, a quien sustituyó en las tareas del gobierno. En su colección [la de Haro], indica Brown:

> Se inventarió el lienzo el 1 de junio de 1651. [...] Velázquez partió de Madrid en viaje a Italia en noviembre de 1648, y no regresó hasta finales de junio de 1651, de suerte que, a menos que el lienzo fuera pintado en Italia

y luego enviado a Madrid antes del regreso de su autor,
cosa que no parece probable, su fecha debe ser anterior a
noviembre de 1648[46].

Entre 1649 y 1651, Velázquez permanece en Italia con
el encargo de comprar obras de arte para el rey. Allí retrata
a Inocencio X y realiza los *Paisajes de la Villa Médicis,*
donde, al decir de Francisco Javier Sánchez Cantón, «los
problemas que habían de preocupar a los impresionistas
del siglo XIX están planteados... y resueltos»[47]. Durante
este tiempo el rey había contraído matrimonio con Mariana de Austria, tras la muerte de Isabel de Borbón y Médicis; en 1652 es nombrado aposentador de palacio y pinta
los retratos de la infanta María Teresa y de la reina, Mariana de Austria. Al año siguiente (1653) comienza la serie
de retratos de la infanta Margarita, figura central de su
obra maestra. En 1655 se le concede residencia en la Casa
del Tesoro, edificio colindante con el Alcázar. Desde el
punto de vista artístico, Velázquez llega a su plenitud. En
1656 realiza su más genial obra, *El cuadro de la Familia,*
catalogado por Madrazo, en 1843, con el título con el que
universalmente se le conoce, *Las Meninas*[48]. En 1658

---

[46]   Jonathan Brown, «El inicio de una nueva carrera: Velázquez
como decorador de corte», capítulo VI de *Velázquez. Pintor y cortesano,* versión española de Fernando Villaverde, Madrid, Alianza, 1986,
pág. 183. José Camón Aznar («La Venus de Velázquez», *Las artes y los
días,* Madrid, Sucesores de Rivadeneyra, 1965, pág. 226) insiste en
justificar la datación romana de la *Venus,* no sólo por razones estéticas,
sino por la dificultad de pintar un cuadro de tales características «en el
ambiente de nuestro siglo XVII».
[47]   Francisco Javier Sánchez Cantón, *Velázquez. «Las Meninas» y
sus personajes,* Barcelona, Juventud, 1943, pág. 9.
[48]   Algunos estudiosos de la obra velazqueña sitúan también en estos
años *Las hilanderas,* aunque sobre ello existe disparidad de opiniones.
Al respecto puede verse Jonathan Brown, «Velázquez y Felipe IV», capítulo IX de *Velázquez. Pintor y cortesano,* cit., págs. 252 y 253, y en especial el estado de la cuestión en la nota 32 de este capítulo, pág. 301.

consigue por fin ser incorporado a la nobleza al ser nombrado por el rey caballero de la Orden de Santiago. Muere dos años después (1660) de una extraña y repentina enfermedad, tras regresar de la celebración de la boda de la infanta María Teresa con el rey de Francia y el imperio español tocaba fondo en su declive.

José Ortega y Gasset, en su monografía sobre el pintor, destacaba el carácter enigmático de la vida del artista de la corte de Felipe IV; de él afirmó que no había «vida de hombre eminente a quien le hayan pasado menos cosas que a la de Velázquez [...]. Sin embargo, esa vida como hueca está toda llena de lucha en cuanto a su arte se refiere» [49].

Velázquez para el pintor-dramaturgo Buero

«Fue un alma grande, lúcida y desengañada como algunas otras de la decadencia española de aquel tiempo», opinaba Buero Vallejo de Velázquez en 1962 [50]. En el mismo lugar había apuntado: «Probablemente, el más antiguo motivo que determina el nacimiento de mi obra Las Meninas es mi inicial y fallida vocación de pintor. Es difícil resignarse a su abandono, y se intenta pintar de otra manera. Para ello, se elige el tema de Velázquez por ser pintor que me ha sobrecogido desde niño y que creo conocer bastante bien» [51].

---

[49]   José Ortega y Gasset, «La reviviscencia de los cuadros», *Velázquez,* Madrid, Espasa Calpe, Austral, 1970², pág. 62.
[50]   Antonio Buero Vallejo, «*Las Meninas* ¿es una obra necesaria?», en *O. C.,* II, cit., págs. 425-427.
[51]   Sobradas muestras de tal conocimiento ofrece en «El espejo de *Las Meninas*», *O. C.,* II, cit., págs. 212-235, publicado por primera vez en 1970 (*Revista de Occidente,* XXXI, 92, noviembre 1970, págs. 136-166), que en 1973 formó parte del volumen *Tres maestros ante el público (Valle-Inclán, Velázquez, Lorca)*. En otras ocasiones vuelve a tratar problemas de carácter técnico, véase «*Las Meninas* y Sarduy», *O. C.,* II, cit., págs. 998-1000; o «Acerca de *Las Meninas*», *O. C.,* II, cit., págs. 1219-1232.

La vocación pictórica, como él mismo explica en la presentación de *Libro de estampas,* «fue muy temprana y cubrió durante largos años a la literaria»[52]. En efecto, su inicial actividad artística es la pintura; tal vocación, como él comenta en la citada presentación, fue favorecida por su padre, que coleccionaba en álbumes sus dibujos «desde mis siete a mis quince años». Señala Luis Iglesias cómo, por gentileza del autor, obra en su poder una narración de 1933, titulada «El único hombre», en la que el protagonista «entra en el Museo del Prado y, tras visitar la sala del Greco, se sitúa precisamente ante *Las Meninas,* definido como "maravilloso cuadro"»[53].

En 1934 se traslada a Madrid para estudiar en la Escuela de Bellas Artes de San Fernando, y antes de estallar la guerra firma artículos con el seudónimo de Nicolás Pertusato. Al terminar la contienda, tras seis años de transitar las cárceles del franquismo, y aunque en ellas había realizado muchos de sus conocidos retratos, como el de Miguel Hernández, abandona el pincel por la pluma, sin perder en ningún momento la devoción por los maestros de la pintura y, en especial, por el autor de *Las Meninas* y *Las hilanderas*. No resulta extraño, pues, que dos de los protagonistas de sus dramas históricos más representativos sean pintores ni que la pintura forme parte de los elementos simbólicos o argumentales en otros *(Diálogo secreto* y *Misión al pueblo desierto).*

Su reconocimiento por Velázquez lo ha expresado en repetidas ocasiones y hasta lo ha manifestado a través de su obra pictórica. En el citado *Libro de estampas* figura un

---

[52] Antonio Buero Vallejo, *Libro de estampas,* director del proyecto Mariano de Paco, Fundación Cultural CAM, 1993. La doble vocación —pintor/escritor, o escritor/pintor— en artistas de nuestro siglo ha sido estudiada por Estelle Irizarry, *Escritores-pintores españoles del siglo XX,* A Coruña, Ediciós do Castro, 1990. A Buero dedica las págs. 322-329.

[53] *La trayectoria dramática de Antonio Buero Vallejo,* cit., pág. 261.

dibujo fechado en 1944, con el título *Enana velazqueña,* realizado a «pluma y lápiz rojo», del que comenta el autor:

> No repetí este diseño de Ocaña, pero en él latía ya probablemente, sin yo saberlo, la obra de teatro dedicada quince años después a nuestro máximo pintor.

De 1961 es su poema «Velázquez», en el que califica al pintor de «andaluz veraz, parco y entero» [54]. En el artículo antes citado *(«Las Meninas ¿es una obra necesaria?»* [55]) destaca: «Mantuvo los ojos de su cuerpo y de su mente abiertos ante un mundo ciego y enajenado de errores, supersticiones, milagrerías, injusticias»; y en este y otros textos pone de manifiesto la categoría de hombre independiente que el artista de hoy percibe en el de antaño:

> Este cortesano desconcertante, adaptado al parecer sin esfuerzo a los usos y mentiras de la Corte, pero que no se digna esperar en Milán a la que va a ser su reina y no vacila en contrariar a un monarca absoluto, demorándose en Italia y provocando diez cartas regias de apremio; este subalterno en procura de una venera que, sin embargo, osa responder con malos modos al poderoso y titulado noble que es, además, su superior directo en Palacio; este ujier que elude el honor de almorzar con un cardenal y se abstiene de entregar a otros prelados las cartas de presentación que para ellos lleva, es hombre de comportamiento insólito en su época y parece estar, internamente, desengañado de las mismas vanidades que solicita y desapegado de la propia realeza que lo sostiene. Como también se diría hoy, acaso podríamos rastrear en él a un hombre «desalienado». O, más brevemente: a un hombre [56].

---

[54] Apareció en *Grímpola* (año V, núm. 5, 1961) y ahora puede verse en *O. C.,* II, cit., pág. 5.

[55] El texto, reproducido en *O. C.,* II, cit., se había publicado en *La Carreta,* 2, enero de 1962.

[56] Antonio Buero Vallejo, «El espejo de *Las Meninas»*, *O. C.,* II, cit., pág. 234.

Es evidente la influencia velazqueña en diferentes aspectos de la obra que vamos a comentar, y no está ajena de la mirada con que Buero aprehende la realidad que lo rodea y la plasma en sus dramas. En «Cuidado con la amargura» explicaba, refiriéndose a *Historia de una escalera:* «Había yo intentado mirar la vida de mi "escalera" con la misma serena mirada —inhábil en mi caso— con que Velázquez vio a sus bufones y a sus infantas; Solana, a sus prostitutas; Benavente y Lorca, a sus campesinos, o Baroja, a sus parias»[57]. Ese intento se lleva a efecto en la propia construcción del drama sobre Velázquez en el que éste y el rey, Pedro y doña Juana están medidos por el mismo rasero de humana debilidad y dignas actitudes.

En «El bufón llamado "Don Juan de Austria". Diego Velázquez De Silva (1599-1660)»[58], Buero contempla a un Velázquez que, como Cervantes, otro de sus artistas predilectos, sabe mirar el interior de la locura, de la idiotez, y observar el universo profundo que se esconde tras una apariencia risible:

> Velázquez, pintor trágico, deja a un lado las risotadas palaciegas y, sin violentar los datos físicos que contempla, se detiene en esa pregunta no contestada que asoma a las pupilas del desdichado orate. Al pintar su cabeza a pájaros revela la obsesión irremediable que le domina y, a fuerza de empaparse en los ojos de su modelo, logra que el «hombre de placer» le mire —y nos mire— como el pintor quiere ser mirado: desde el fondo de esa tragedia misteriosa que es todo ser humano y que es también la del propio artista, incansable meditador de su personal enigma de criado que aspira a una venera por creerse humanamente noble (pág. 1213).

---

[57] *O. C.,* II, cit., pág. 577.
[58] *Mirar un cuadro en el Museo del Prado,* Barcelona, RTVE-Lunwerg Editores, 1991, págs. 168-171, reproducido en *O. C.,* II, cit., págs. 1211-1216.

Une, pues, el dramaturgo-pintor en estas consideraciones su mirada de artista plástico y su intención dramatúrgica de restauración de una tragedia de nuestro tiempo
como «un conflicto entre necesidad y libertad»[59].

«Las Meninas», de Antonio Buero Vallejo

> Al escribir Las Meninas me hice, entre otras, dos pre-
> guntas fundamentales. La primera: ¿pudo Velázquez ser
> un personaje dramático, no sólo en la medida en que todo
> hombre podría serlo, sino entendiéndolo como otro de
> los españoles del siglo XVII capaces de advertir, con lúci-
> dos y desengañados ojos, los males de su tiempo? La se-
> gunda: ¿puede ofrecer la glosa escénica de aquella etapa
> histórica española alguna vigencia y actualidad para la
> que hoy vivimos?[60].

En estas consideraciones se encierran los dos pilares temáticos que sustentan la obra; el primero reside en el personaje que, convertido en ese *lúcido testigo de su tiempo* y
de su propia condición individual y social, habrá de luchar
por conseguir las cotas de verdad y libertad que persigue.
El segundo se centra en la reflexión que el autor contemporáneo propone desde la Historia hacia el presente.

La fábula dramática («Fantasía velazqueña»), dividida
en dos partes, relata algunas secuencias de un posible momento de la vida del pintor que se desarrollan en torno al
conflicto que para él supone el que se descubra su pintura
La Venus del espejo, y a la zozobra que le produce la espera que precede a la autorización del rey Felipe IV para
poder llevar a cabo su conocido cuadro. En este soporte

---

[59]   Véase «Sobre la tragedia», *O. C.,* II, cit., pág. 703.
[60]   «Sobre *Las Meninas*», *O. C.,* II, cit., pág. 436. Aclaran los editores a pie de página que este texto fue grabado por el autor para el disco
Seis dramaturgos leen sus obras (Madrid, Aguilar, 1964).

apoya el dramaturgo una profunda reflexión sobre la libertad del creador y sobre el deseo de los seres menos corruptos de encontrar la verdad (la infanta María Teresa), o de sucumbir por ella (Pedro Briones). Para conseguir su propósito, Buero elige a un gran artista que, a pesar de sus triunfos, bien pudo padecer dudas y frustraciones; y que, por causa de aquéllos, es más que posible que sufriera encubiertos o explícitos ataques de otros artistas o cortesanos, a los que su luz y su éxito habían oscurecido. Si la peripecia del protagonista pudo no suceder, el marco en el que se inserta pertenece a la historia y los personajes que lo pueblan tuvieron igualmente existencia real. De este marco y de sus seres surgen otros elementos temáticos como el de los abusos del poder, la condición de las víctimas, la envidia y el rencor como motores de maldades, las relaciones familiares frente a las profesionales, la amistad, la lealtad, la culpa, la posición del artista. A partir de todo ello, Buero habla de otro creador, él mismo, y de otra España, la suya.

Dada la doble perspectiva con la que está construida la historia dramática, uno de los elementos de mayor interés para adentrarse en su sentido último es el tiempo en sus múltiples consideraciones. La obra se estrena en 1960, lo que la relaciona directamente con el tricentenario de la muerte del insigne pintor que la protagoniza, pero la selección, por parte del dramaturgo, de los sucesos históricos en ella referidos la coloca próxima a la situación de la España y del mundo que en ese momento revela, a través de la prensa, un tiempo de grandes empresas y profundas crisis (Fidel Castro se levanta en Cuba en 1959; Rusia endurece sus relaciones con Occidente, se produce el conflicto de la bahía de Cochinos en 1961; la economía española no alcanza para el sustento de las clases más desfavorecidas, que han de emigrar a Europa para atender a las necesidades más primarias de sus familias; hay problemas en Cataluña por la represión ejercida desde el go-

bierno hacia los intentos individualizadores); junto a todo
ello, los periódicos ofrecen como noticia que el Generalí-
simo ha pescado un cachalote de 35 a 38 toneladas en
aguas del Cantábrico. A la luz de tales datos, podemos
afirmar que el tiempo de Felipe IV, reflejado por el dramaturgo en su obra, no es un mero marco, sino que actúa,
para el espectador del estreno, como reflejo de su propio
tiempo. Un repaso a los *Avisos* de Jerónimo de Barrionuevo[61] muestra una sociedad empobrecida, pendiente
del hallazgo de tesoros legendarios que remedien su esca-
sez, y de un monarca más atento a representaciones teatrales y a cazar en El Pardo (otro punto de contacto) que a
acudir con solvencia a los graves problemas nacionales e
internacionales de su reinado. Dada esta noción general,
es lógico insertar en ella también las figuras del autor y
sus problemas sobre la posición del artista y los que coloca en las personas de Pedro, el pintor que hubo de abandonar los pinceles a causa de la guerra y la persecución, y
Velázquez, que desea, como el dramaturgo que lo ha com-
puesto para la escena, expresar su arte en libertad en su
país. Ambos tiempos se entrecruzarán en la conciencia
del espectador, y mediante el doble proceso —distancia-
participación— que Buero propone le harán reflexionar
sobre la historia y su presente[62].

Algunos acontecimientos históricos referidos al pasado
y ciertas anécdotas de la vida de Palacio, recogidas por los
cronistas de la época, unidos a la fecha con la que se loca-

---

[61]   Jerónimo de Barrionuevo, *Avisos*, I y II, Madrid, BAE, 1968.
[62]   Francisco Ruiz Ramón, manejando la terminología de Anne
Ubersfeld, ha analizado este tiempo en el teatro histórico como tiempo
de la «mediación»: «El llamado tiempo histórico no es tal, sino puro
"tiempo de la mediación", es decir, un tiempo que no existe sino como
mediación dialéctica entre el tiempo del pasado y el tiempo del presente» (*Celebración y catarsis. Leer el teatro español*, Murcia, Universidad, 1988, pág. 170).

liza el tiempo histórico objetivo («durante el otoño de 1656»), ofrecen el ámbito de realidad documentada en el que se inscribe la ficción dramática. Es de interés, así mismo, el tiempo de la representación y su consideración por el dramaturgo en la «Nota» que precede a la pieza y actúa como didascalia para la lectura dramatúrgica de la misma. Es sabido que Antonio Buero ha valorado, junto con la puesta en escena, la lectura del texto teatral[63]; por ello, al no poder, en el momento de escribir la «Nota», conseguir (por imperativos empresariales y laborales) que sus obras se representen con la duración que él considera adecuada («necesidad, por mí sentida en esta y otras obras, de un mayor desarrollo del relato escénico»), pretende que al menos pueda ser leído el texto en su totalidad.

Una importante noción temporal procede de los *dos tiempos* en los que se estructura el drama, compuestos por un *marco,* el que proporciona Martín, narrador de los *sucesos,* y el de la *historia* misma cuyo protagonista es Velázquez[64]. En uno y otro, conectándolos, se encuentra Pedro, que se une a Martín en su categoría de indigente, figurante sin voz en el escenario de la historia oficial, pero personaje decisivo en la íntima situación de conflicto que sobre Velázquez se desarrolla en la escena. Sin embargo, ¿cuál es el tiempo de Martín? Su primera aparición lo sitúa en el siglo del pintor: «Son dos mendigos que, unos dieciséis años antes, sirvieron de modelos a Ve-

dessidute

---

[63] En 1954 afirmaba: «No puede decirse que un país tiene teatro si, junto a las representaciones de sus escenarios, no se encuentran las publicaciones que las recojan y fijen en duradera letra impresa» («Una colección de teatro», *O. C.,* II, cit., pág. 899); y en 1992: «La mejor escenificación de una gran obra de teatro la abrillanta y culmina, mas no suplantará al libro que la ha originado y que permanece después que ella se esfuma» («Sin libros nada somos», *O. C.,* II, cit., pág. 1307).

[64] Con relación a la figura del narrador en el drama puede verse Ángel Abuín González, *El narrador en el teatro,* Santiago de Compostela, Universidad, 1997.

lázquez para sus irónicas versiones de *Menipo* y *Esopo»*, como viene indicado en la acotación; sin embargo, pronto Martín se *destemporaliza* y se dirige al público, ¿de cuándo?, ¿existente en la realidad o en la ficción?:

> MARTÍN.—*(Al público.)* No, no somos pinturas. Escupimos, hablamos o callamos según va el viento. Todavía estamos vivos. [...].
> PEDRO.—¿A quién hablas, loco?
> MARTÍN.—*(Ríe. Confidencial.)* Está casi ciego, pero sabe que no hablo a nadie. Me dice loco por mi manía de hablar a los cantos de la calle... (pág. 66).

Mediante este procedimiento, Buero sigue una tradición que viene desde los clásicos apartes explicativos y pasa por las vanguardias (García Lorca utiliza en sus prólogos a personajes metateatrales que, en la figura del Director o el Poeta, distancian y hacen participar en el contenido profundo del drama); pero también se anticipa a novedosas fórmulas de conectar con el público real ficcionalizado y construirlo desde la escena. Está sometiendo al espectador a un proceso de implicación en el drama, a la vez que sitúa a su personaje fuera de *su* tiempo. El procedimiento volverá a repetirse al final de la obra, cuando Martín haya concluido su relato que sucedió ¿cuándo?, ¿realmente?, ¿dónde?:

> MARTÍN.—[...] Esto de hablar al aire es una manera de ayudarse. Se cuentan las cosas como si ya hubieran pasado y así se soportan mejor. *(Al público.)* Conque me vuelvo a vuesas mercedes y digo: aquel año del Señor de 1656 doblaban en San Juan cuando mi compadre y yo llegamos ante la casa del «sevillano» (pág. 66).

El dramaturgo realiza —para el tiempo de la escritura de la pieza y el público real que había de recibirla— un arriesgado juego de distancia y participación, colocando a su personaje dentro y fuera de la fecha que le corresponde y al espectador en su asiento de un teatro de nuestro tiempo o en el lugar del recitado del cartelón de sucesos con el que sueña Martín:

> MARTÍN.—La historia va a terminar... Yo la contaré por las plazuelas y los caminos como si ya la supiera. [...] Si alguien me pintara un cartelón para las ferias, podría ganar mi pan fingiendo que los muñecos hablan (págs. 206 y 207).

Por tanto, la *mediación* se está generando no sólo por la superposición pasado-presente en la mente del receptor, sino por la propia construcción del personaje cuya conciencia temporal oscila entre los tiempos, favoreciendo de esa forma el efecto distanciador. Además, como en obras posteriores *(El tragaluz, La doble historia del doctor Valmy, Caimán, Misión al pueblo desierto),* el *marco* genera el mencionado «perspectivismo histórico» que hace al receptor considerar el hoy desde el ayer, con la mirada proyectada hacia el futuro.

Pero la fábula dramática también recoge unas nociones de pasado que son las motivadoras del conflicto presente. Es un tiempo omitido que condiciona comportamientos y actitudes: en lo expuesto en escena, en Pedro, en Martín, en doña Marcela de Ulloa, en doña Juana Pacheco y, por supuesto, en el protagonista, para quien ese tiempo actuó como configurador de su manera de ser y de estar; determinó sus decisiones en lo profesional, en lo familiar, en lo afectivo; y condicionó su relación con el poder.

En cuanto al espacio, continúa Buero con la concepción abierta que ya había utilizado en *Un soñador para un pueblo* [65], y da un paso más en su investigación sobre

---

[65]   Véase Francisco Javier Díez de Revenga, «La "técnica funcional" y el teatro de Buero Vallejo», en Mariano de Paco (ed.), *Estudios sobre Buero Vallejo,* Murcia Universidad, 1984, págs. 147-158.

la construcción escénica de sus dramas. Una extensa acotación *fuera del texto didascálico*[66] («El decorado») propone los espacios de la representación con precisión mili-
métrica. La disposición de los mismos se ilustra con
abundantes y rigurosos datos históricos sobre los porme-
nores de los lugares reproducidos. En esta pieza serán
siete espacios visibles para el público (el fondo con las
torres y el cielo de Madrid, la fachada con el balcón de la
Casa del Tesoro, también el paño de fachada que soporta
el balcón y la ventana del Alcázar, la galería del cuarto
del Príncipe, la sala en la casa de Velázquez, la plazuela
de Palacio y la franja de calle), aunque dos de ellos —la
sala de la casa del pintor y el obrador de Palacio— alter-
narán, según sea requerido por el desarrollo de la trama.
Fuera de la vista del público, pero sumamente importantes para que se produzca el conflicto, se desencadenen las
pasiones o tengan lugar las intrigas, se encuentra una serie de espacios omitidos; en algunos se localizan partes
del pasado que influyen en la historia presente (Roma, el
campamento donde sucede la rebeldía de Pedro, los lugares de su castigo); otros están ocultos al espectador pero
pertenecen a estancias apartadas del espacio físicamente
visible (el estudio del pintor, donde reside la raíz de su
conflicto con el poder —el cuadro de la Venus—; y el interior del palacio, donde se fraguan las traiciones). Al final adquiere importancia la calle donde Pedro sucumbe,
perseguido por los guardias.

En la representación, la simultaneidad de escenas, ar-
ticuladas con agilidad en sus cambios, ofrece una sensación de proceso temporal continuo, a pesar de las elipsis
que constituyen el tiempo omitido de la historia que se
está narrando. También habría que considerar, dentro de

---

[66]   Traduzco el término empleado por Michael Issacharoff, *Le spec-
tacle du discours*, París, José Corti, 1985, pág. 30.

la valoración de Buero como innovador de los procedimientos dramatúrgicos, el intercambio entre espacios estáticos (los cuadros de donde surgen sus personajes) y dinámicos (escena donde llevan a cabo su peripecia dramática) y, como consecuencia, la doble imagen, la plurivalencia que se da en ellos: *pintados* y *vivos* (personas/personajes). Martín y Pedro aparecen ante el espectador en la misma figura que tenían *Menipo* y *Esopo* en los lienzos respectivos; pronto, no obstante, Martín reivindica su *otra* condición: «No, no somos pinturas», alertando así sobre ellos mismos y sobre el espacio que ocupan. Al final del drama, cuando las criaturas escénicas pasan a representar figuras pintadas, se produce el efecto inverso aunque con idéntico propósito, el de manifestarse en su plural identidad: «A la derecha de la galería, hombres y mujeres componen, inmóviles, las actitudes del cuadro inmortal bajo la luz del montante abierto» (pág. 207). Estas variaciones funcionan como procedimientos de distancia incorporados por su autor a la construcción y a la estética de su drama, y significan otras tantas llamadas de atención sobre el receptor para que no se deje engañar por las apariencias, porque realidad y ficción son territorios difícilmente deslindables.

Además de su doble naturaleza artística, los personajes que aparecen con nombre en esta pieza tuvieron también existencia real. De los que figuran en el cuadro, sólo del guardadamas, a quien habla doña Marcela en la composición pictórica, y que en el drama se individualiza como don Diego Ruiz de Azcona, «no da el nombre Palomino, y es cargo palaciego sin literatura, al parecer»[67]. Los demás

---

[67] Francisco Javier Sánchez Cantón, *Velázquez. «Las Meninas» y sus personajes,* cit., pág. 19. Juan Antonio Gaya Nuño («Después de Justi. Medio siglo de estudios velazquistas», en Carl Justi, *Velázquez y su siglo,* Madrid, Espasa Calpe, 1953, pág. 860), al hablar de los personajes del cuadro, indica: «Creemos que este Diego Ruiz [Diego Ruiz de la Escalera, guardadamas de la reina] no era sino el Diego Ruiz de Az-

componen el ambiente, se adecuan al papel que en su historia pudieron tener y favorecen el clima de época. En el
drama contemporáneo, cada uno adquiere significado y
funciones merced a la libertad del artista que ha ideado
esta posible —*fantástica*— historia velazqueña.

De entre todos, Velázquez y Pedro se enriquecen en la
versión dramática merced a su función de transmisores
de las ideas que en el momento de la escritura preocupan
al dramaturgo[68]. Por otra parte, ya se ha aludido a la iden-
tificación que se hace posible en esta obra entre ciertos
aspectos presentados por cada uno de estos dos personajes y circunstancias autobiográficas de su autor. Velázquez revoluciona el ámbito de la pintura, como Buero lo
hace con el drama; por eso es importante considerar la faceta rebelde del personaje dramático, quien ha pintado un
desnudo a pesar de la prohibición y ha sentido la necesidad de enseñarlo: «Es triste no saberse pasar sin enseñar
lo que uno pinta. No es vanidad: es que siempre se pinta
para alguien...» (pág. 83). También el dramaturgo escribe
para alguien y considera que el teatro «no sólo debe es-
cribirse sino estrenarse»[69]. La actitud de Buero sobre la
necesidad de que la obra llegue al público y su postura

---

cona [...] muy seguramente el desconocido guardadamas que figura en
el segundo término del cuadro, único personaje hasta ahora no identifi-
cado en la escena».

    [68]   Sobre la ampliación del significado que la figura de Velázquez
posee en el drama puede verse Martha T. Halsey, «El intelectual y
el pueblo: tres dramas históricos de Buero», *Anthropos*, 79, 1987,
págs. 46-49.

    [69]   Antonio Buero Vallejo, «Obligada precisión acerca del "imposi-
bilismo"», *O. C.*, II, cit., pág. 674. Luciano García Lorenzo (*Documentos sobre el teatro español contemporáneo*, Madrid, SGEL, 1981,
págs. 105-130) recoge la polémica sobre el «imposibilismo» que durante 1960 se desarrolló en los números 12, 14, 15 y 16 de la revista
Primer Acto, protagonizada por Alfonso Sastre y Antonio Buero
Vallejo.

ante el problema de lo «posible»/«imposible» en el teatro surge también en boca de Pedro (sin duda el personaje más positivo del drama, junto con la infanta María Teresa) cuando aconseja a Velázquez:

> Puesto que vais a enfrentaros con la falsía y la mentira, mentid si fuera menester en beneficio de vuestra obra, que es verdadera. Sed digno, pero sed hábil (pág. 172).

La relación de Velázquez, personaje dramático, con el resto de los que componen la trama se establece siempre a través de su obra, y es su condición de pintor la que la determina. Juana busca su perdición, convertida en antagonista, por celos hacia las mujeres que le sirvieron de modelos; pero ella en el pasado se negó a posar para su esposo, que quería pintarla en la figura de una Venus porque «una mujer honrada no puede prestarse a eso» (pág. 170). De ese suceso surge el alejamiento mutuo y con él se inicia la soledad del artista. Los pintores envidian a Velázquez por causa de su genio y procuran su descrédito. Ansían su posición en la Corte, pero, además, desearían pintar como él; Juan de Pareja, su protegido, confiesa que llegó a odiarlo por causa de una modelo, mientras que su yerno ha de escuchar de labios del pintor: «¡Cuadros así nunca serán tuyos aunque lo quieras con toda tu alma!» (pág. 168). El rey lo admira como artista y, a pesar de que no alcanza a comprenderlo, lo protege y le concede privilegios ajenos a su linaje. La pintura lo colocó en relación con Pedro; por ella y por él le llega la redención.

Por su parte, Pedro es un personaje que, como Fernandita *(Un soñador para un pueblo),* lleva inscrita, por su origen, la condición de víctima. Su vida llena de azares y desencantos resume bien el tema de los abusos de un poder que se ceba en los más débiles; la juvenil vocación por la pintura se ve truncada porque ha de pagar la culpa del poderoso:

Mi señor robó una noche cien ducados para sus caprichos a otro estudiante. Registraron y me los encontraron a mí. [...] Los puso él en mi valija para salvarse. Me dieron tormento: yo no podía acusar al hijo de quien me había favorecido... Sólo podía negar y no me creyeron. Hube de remar seis años en galeras. [...] El mar es muy bello, don Diego; pero el remo no es un pincel. Al salir de galeras, quedan pocas ganas de pintar y hay que ganar el pan como se pueda (pág. 143).

De esta confesión emana su carácter de *alter ego* de su autor. Como es sabido, tras la guerra el propio Buero hubo de dejar los pinceles por la pluma, lo que no hizo que abdicara de su misión como artista. Cuando, tras el éxito de su primer drama estrenado *(Historia de una escalera)*, se instala por derecho en la posición estable del creador aceptado por sus contemporáneos, su trayectoria se empareja con la de su personaje, a quien Pedro avisa de algo que es la realidad del dramaturgo:

También vos habéis pintado desde vuestro dolor, y vuestra pintura muestra que aun en Palacio se puede abrir los ojos, si se quiere. Pintar es vuestro privilegio: no lo maldigáis. Sólo quien ve la belleza del mundo puede comprender lo intolerable de su dolor (pág. 144).

Velázquez es, en el drama, en cuanto artista que busca la verdad, signo del dramaturgo actual; lo es así mismo Pedro, representante, en el momento de aparecer en escena, del equilibrio entre el sueño y la acción (como activo tuvo su castigo en el tiempo omitido). Desde este punto de vista es quizá, junto con René *(Música cercana)*, el personaje bueriano que mejor conjuga en su presencia escénica los caracteres del soñador y del hombre de acción. Otros seres de Buero Vallejo lo han hecho fuera de la escena; recuérdense a este respecto las figuras, constantemente aludidas, en sus respectivos dramas, de Carlos Ferrer Díaz *(Las cartas boca abajo)* y de Eugenio Beltrán *(El tragaluz)*, soñadores activos que nunca tienen presencia física en el escenario.

En palacio, donde reinan la mentira y la lucha de intereses, donde se fraguan las intrigas y se desprecia al pueblo, se encuentra la infanta María Teresa, la única persona de tal ambiente dispuesta a conocer la verdad. Para ello recurre a don Diego, el artista a quien admira; él será el encargado de colocarla ante la fea realidad. Al acudir al pintor, la infanta sabe ya que «la verdad de la vida no puede estar en el protocolo» que la obliga a jugar como una niña, a aceptar la honorabilidad de un padre deshonesto y la grandeza de un imperio lamentablemente empobrecido; por ello le explica a Velázquez:

> A veces, creo entreverla en la ternura sencilla de una lavandera, o en el aire cansado de un centinela... Sorprendo unas palabras que hablan de que el niño está con calentura, o que este año la cosecha vendrá buena, y se me abre un mundo... que no es el mío. Pero me ven, y callan (pág. 109).

Después pregunta: «¿Es cierto que mi padre ha tenido más de treinta hijos naturales?». Tras la respuesta adquiere la fuerza que la lleva a exclamar. «Sé que vivo en un mundo de pecadores. ¡Es la mentira lo que me cuesta perdonar!». Así considerada, la infanta es otra cara del personaje positivo que el dramaturgo crea en tres dimensiones: la que surge del arte (Velázquez), la que procede del pueblo (Pedro) y la que habita entre los poderosos (la infanta María Teresa). Con ella formula el tema de la esperanza y abre una brecha de luz en el sólido muro que sustenta las formas más rígidas del concepto de poder.

Buero ha construido a lo largo de su trayectoria sólidos personajes femeninos de signo positivo y activo; la infanta española es uno de los ejemplos relevantes, a pesar de que la historia oficial condicione al personaje a mani-

festar su rebeldía sólo en escena[70]: «Él dijo que vos debíais pintar. Pintaréis ese cuadro, don Diego..., sin mí.
[...] Yo ya no debo figurar en él» (pág. 206). Con este *mu-
tis*, el personaje dramático, consciente de su condición
fingida, permite la apertura que la estructura del drama requiere, al tiempo que se perfila, dentro del proceso dramático, como el ser puro capaz de aunar el sueño y la acción.

Aunque en el apartado correspondiente a «Taller de
lectura» serán abordados otros aspectos de la construcción dramatúrgica del texto, no es posible terminar estas
consideraciones acerca de la pieza sin atender al concepto
de tragedia inaugurado por el dramaturgo ya en *Historia
de una escalera*, como «el espectáculo del hombre desgarrado entre sus limitaciones y sus anhelos»[71], y que sigue
formulando desde distintas perspectivas y con diversos
matices en la realización de cada una de sus piezas. En la
que ahora nos ocupa, tal concepto no es aplicable si se
hace extensiva a la materia dramática la realidad vivida
por el pintor, tal y como nos llega a través de sus biógrafos y comentaristas, quienes afirman: «Ni tragedias, ni
penurias, ni pasiones violentas hubieron de perturbarla [su
existencia]. Su pintura serena, sin altibajos, debió de responder a un vivir tranquilo»[72]. En algunos estudios se habla de ciertas dificultades económicas a causa de la poca
solvencia de la Corona, que le adeudaba el sueldo de varios meses en ocasiones, por lo que tales estudiosos justi-
fican que acumulase tantos cuantos cargos podía. En
otros se aventura cierta hipótesis que lo convierte en un

---

[70]   Me he ocupado de este tema en «Las "nuevas mujeres" del teatro de Antonio Buero Vallejo», *Montearabí*, núm. 23, cit., págs. 95-104.
Puede verse también Magda Ruggeri Marchetti, «La mujer en el teatro
de Antonio Buero Vallejo», *Anthropos*, 79, 1987, págs. 37-41.
[71]   Antonio Buero Vallejo, «Sobre la tragedia», *O. C.*, II, cit., pág. 704.
[72]   Francisco Javier Sánchez Cantón, *Velázquez. «Las Meninas» y
sus personajes*, cit., pág. 7.

espía de la Corona española. Lo cierto es que, documentalmente, como indica Ortega, la vida de Velázquez es sumamente sencilla y por extraño que pueda parecer, dado su rango histórico, apenas se cuenta con datos sobre ella.

Sin embargo, si atendemos al eje de fuerzas con las que Buero Vallejo construye su drama, su protagonista, Velázquez, se levanta como un ser perseguido por un destino social y por unos conflictos internos que lo convierten en trágico personaje enfrentado a insuperables barreras que obstaculizan el ejercicio de su libertad. Sin olvidar, claro, que en el intento de encontrar la verdad que domina tanto a él como a la infanta se encuentra la base de la tragedia edípica, de la misma forma que su sentimiento de culpa, generado a partir del sacrificio de Pedro, marca ineludiblemente al Velázquez de Buero Vallejo con el signo de lo trágico. En cuanto a su estructura, la tragedia velazqueña que el dramaturgo actual nos ofrece posee, como el resto de su producción, un final abierto a la esperanza que, si bien no toca ya a las criaturas que la han desarrollado en escena, sí afecta al espectador.

El marco trágico que emplea Buero Vallejo desde sus primeras obras nos lleva a pensar en un aspecto de la pintura de Velázquez, criticado por Angelo Nardi en el drama, cuando, envidioso de sus logros, comenta a Juan de Pareja: «Nadie pensaría trasladar cosa tan trivial a un tamaño tan grande». Quizá, sin proponérselo, el artista Buero está poniendo en boca de su personaje uno de los elementos clave de su técnica dramatúrgica, porque él, como se dice de Velázquez, desde 1949, en que dibuja «cosas de las escaleras donde he vivido y de otras en cuyos barrios no viví nunca» [73], está pintando el cuadro de

---

[73] Antonio Buero Vallejo, «Palabra final», publicada en la primera edición de *Historia de una escalera,* y reproducido en *O. C.,* II, cit., pág. 326.

la cotidianidad española en el gran marco de la tragedia. Así lo ha hecho en las obras del aquí y ahora de su escritura y en las que, como la que comentamos, se ven revestidas de ropajes de época. En este drama histórico, no son los grandes destinos del país ni las decisiones de sus líderes lo que protagonizan la trama, sino el humano calvario del artista que se debate en un microcosmos rastrero de envidias y rencores. No es el héroe clásico el que ejemplifica con su trágico final; ese papel queda para un mendigo, ínfimo representante de la ciudadanía marginal. Y, a pesar de todo, desde esa perspectiva apenas relevante, el dramaturgo proyecta la mirada del receptor hacia los graves problemas sociales de un mundo injusto que genera víctimas desde el poder establecido. Y hace la consideración ética de la mentira como procedimiento de aniquilación frente a la verdad salvadora.

Buero Vallejo focaliza con su Velázquez al receptor para que contemple el dolor humano y las injusticias sociales; los problemas inherentes al enmascaramiento de la realidad por los tópicos y engaños vigentes; la encrucijada de la responsabilidad del creador, del intelectual ante todo ello. Él, como intelectual, se considera responsable de la falta de luz que un mundo oscuro e hipócrita hace padecer a sus habitantes; por eso proyecta su esclarecedora visión a través del conflicto dramático que soporta su personaje, que soportan todos sus personajes, porque, como él mismo indicaba en 1962, «el propósito unificador de mi obra ha seguido siendo, seguramente, el mismo: el de abrir los ojos. ¿A qué? A la verdad, naturalmente; a la verdad, con todo cuanto el intento pueda traernos de inmensa compensación, más también de dolor inmenso» [74].

VIRTUDES SERRANO

---

[74] Antonio Buero Vallejo, «Sobre mi teatro», en *O. C.*, II, cit., pág. 427.

BIBLIOGRAFÍA ESENCIAL COMENTADA

AA.VV., *Antonio Buero Vallejo. Premio de literatura en lengua castellana «Miguel de Cervantes» 1986,* Barcelona, Anthropos-Ministerio de Cultura, 1987.

En este breve y útil volumen se reúnen un «reportaje biográfico», una entrevista, un estudio de conjunto y una bibliografía de y sobre el autor, realizados por Luciano García Lorenzo, Ricard Salvat y Mariano de Paco. También, el discurso pronunciado por Buero en la entrega del premio Cervantes 1986.

Buero por Buero. Conversaciones con Francisco Torres Monreal, Madrid, Asociación de Autores de Teatro, 1993.

Amplia entrevista en la que se tratan numerosos aspectos de la vida y de la obra de Buero.

BUERO VALLEJO, Antonio, *Obra Completa,* edición crítica de Luis Iglesias Feijoo y Mariano de Paco, Madrid, Espasa Calpe, 1994, 2 vols.

El primer volumen *(Teatro)* recoge toda la producción dramática del autor (incluida la inédita *Una extraña armonía),* precedida por una excelente introducción, una completa cronología y una bibliografía exhaustiva; sólo falta la obra posteriormente publicada por Espasa Calpe: *Las trampas del azar.* En el segundo, imprescindible como el anterior, aparecen poemas, narraciones, libros y más de trescientos artículos de Buero (algunos inéditos).

—, *Libro de estampas,* Murcia, Fundación Cultural CAM, 1993 (edición al cuidado de Mariano de Paco).

Selección de dibujos y pinturas del autor, muestra interesantísima de su temprana vocación pictórica y de acercamientos a lo largo de toda su vida.

CUEVAS GARCÍA, Cristóbal (dir.), *El teatro de Buero Vallejo. Texto y espectáculo,* Barcelona, Anthropos, 1990.

Actas del III Congreso de Literatura Española Contemporánea, celebrado en la Universidad de Málaga y dedicado a Buero. Poseen notable interés, junto a una veintena de ponencias y comunicaciones, la intervención del autor y los coloquios.

DIXON, Victor, y JOHNSTON, David (eds.), *El teatro de Buero Vallejo: Homenaje del hispanismo británico e irlandés,* Liverpool University Press, 1996.

Una docena de artículos acerca de temas y obras buerianas conforman este apreciable volumen que se propone el reconocimiento de quien es en el mundo universitario inglés e irlandés uno de los más importantes autores contemporáneos.

DOMÉNECH, Ricardo, *El teatro de Buero Vallejo,* Madrid, Gredos, 1993[2].

Trabajo fundamental para el conocimiento de Buero Vallejo por su penetración crítica y su adecuada consideración de temas y técnicas. Bibliografía completa. La segunda edición amplía notablemente la de 1973.

IGLESIAS FEIJOO, Luis, *La trayectoria dramática de Antonio Buero Vallejo,* Santiago de Compostela, Universidad, 1982.

Excelente estudio de las obras de Buero (hasta *Jueces en la noche*) que une profundidad crítica e información. Contiene valiosas consideraciones de conjunto y numerosas referencias bibliográficas.

LEYRA, Ana María (coord.), *Antonio Buero Vallejo. Literatura y filosofía,* Madrid, Complutense, 1998.

El volumen presenta los trabajos expuestos en las Jornadas sobre Teatro y Filosofía celebradas en la Universidad Complutense en 1996; en ellos se abordan con rigor diferentes aspectos en relación con esos dos temas en el teatro de Buero Vallejo.

Montearabí, 23, 1996 (Monográfico «Homenaje a Antonio Buero Vallejo»).

Recoge este número de la revista yeclana nueve trabajos de críticos y autores teatrales acerca de la persona y la obra de Buero Vallejo con motivo de sus ochenta años y cincuenta de escritura dramática.

O' CONNOR, Patricia, *Antonio Buero Vallejo en sus espejos,* Madrid, Fundamentos, 1996.

Ofrece este volumen nuevos puntos de vista acerca de Buero, persona y creador, y de su obra, conciliando «la proximidad afectiva y la distancia crítica» en un singular trabajo que cuenta con abundantes declaraciones del dramaturgo.

OLIVA, César, *El teatro desde 1936,* Madrid, Alhambra, 1989.

Trabajo que al análisis de los textos dramáticos acierta a incorporar el de otros elementos del *hecho teatral:* actores, público y crítica. Buero es estudiado en el capítulo dedicado al «teatro de la oposición» hasta *Lázaro en el laberinto* (págs. 233-262).

PACO, Mariano de (ed.), *Estudios sobre Buero Vallejo,* Murcia, Universidad, 1984.

Recopilación de veinticinco interesantes trabajos, aparecidos entre 1949 y 1980, sobre Buero y su teatro, reunidos en cuatro apartados: semblanza, temas y técnicas, *Historia de una escalera.* Bibliografía muy completa del autor hasta 1983.

—, *De re bueriana (Sobre el autor y las obras),* Murcia, Universidad, 1994.

El volumen de abre con una extensa entrevista a Buero Vallejo a la que sigue un apartado de estudios de carácter general (tragedia, «realismo», procedimientos formales y simbólicos y «perspectivismo histórico») y otro con cuidados análisis de obras buerianas.

PÉREZ HENARES, Antonio, *Antonio Buero Vallejo. Una digna lealtad,* Toledo, Junta de Comunidades de Castilla-La Mancha, 1998.

Biografía de Antonio Buero Vallejo en la que son destacables las numerosas fotos que recrean su trayectoria vital.

RUIZ RAMÓN, Francisco, *Historia del teatro español. Siglo XX,* Madrid, Cátedra, 1977[3].

Completo estudio de autores y textos dramáticos españoles del siglo XX (hasta la década de los setenta) que trata con profundidad el teatro bueriano desde *Historia de una escalera* a *La Fundación* (págs. 337-384).

LAS MENINAS

FANTASÍA VELAZQUEÑA EN DOS PARTES

Esta obra se estrenó el 9 de diciembre de 1960, en el Teatro Español de Madrid, con el siguiente

REPARTO

(Por orden de intervención)

MARTÍN	*José Bruguera.*
PEDRO BRIONES	*José Sepúlveda.*
UN DOMINICO	*Avelino Cánovas.*
D.ª MARÍA AGUSTINA SARMIENTO.	*Mari Carmen Andrés.*
D.ª ISABEL DE VELASCO	*Asunción Pascual.*
D.ª MARCELA DE ULLOA	*María Rus.*
D. DIEGO RUIZ DE AZCONA	*Manuel Ceinos.*
UN GUARDIA BORGOÑÓN	*Rafael Guerrero.*
JUANA PACHECO	*Luisa Sala.*
JUAN BAUTISTA DEL MAZO	*Carlos Ballesteros.*
JUAN DE PAREJA	*Anastasio Alemán.*
DIEGO VELÁZQUEZ	*Carlos Lemos.*
LA INFANTA MARÍA TERESA	*Victoria Rodríguez.*
JOSÉ NIETO VELÁZQUEZ	*Fernando Guillén.*
ANGELO NARDI	*Manuel Arbó.*
EL MARQUÉS	*Gabriel Llopart.*
NICOLASILLO PERTUSATO	*Luis Rico Sáez.*
MARI BÁRBOLA	*Lina de Hebia.*
EL REY FELIPE IV	*Javier Loyola.*
UN UJIER	*José Guijarro.*
UN ALCALDE DE CORTE	*Francisco Carrasco.*
ALGUACIL 1.º	*Simón Cabido.*
ALGUACIL 2.º	*José Luis San Juan.*
LA INFANTA MARGARITA	*Pepita Amaya.*

En Madrid, durante el otoño de 1656

Derecha e izquierda, las del espectador

Decorado y figurines: EMILIO BURGOS.
Dirección: JOSÉ TAMAYO.

NOTA

Al publicar la presente obra me ha parecido oportuno devolver al texto, encerrándolos entre corchetes, algunos de los cortes que hubo de sufrir a efectos de su representación. Con ello no pretendo sugerir que el drama gane conservándolos; es incluso seguro que algunas de esas supresiones lo mejoran si se trata de representarlo. Pero creo hace tiempo en la necesidad de dar a nuestras obras mayor duración que la muy escueta a que el régimen de doble representación diaria las fuerza, y que viene a ser hoy ya, en el mundo, una deplorable anomalía. Los cortes restituidos representan un paso en el acercamiento a la duración del espectáculo en los teatros del mundo, que añado al que, premeditadamente, doy ya prolongando un tanto la medida habitual del texto representado. Ambas licencias expresan la necesidad, por mí sentida en esta y otras obras, de un mayor desarrollo del relato escénico; y, al restablecer pasajes suprimidos, pretendo afirmar de otro modo mi posición ante la cuestión candente de las dos sesiones y abogar por un teatro que, entre otras trabas, logre desprenderse un día asimismo entre nosotros de las trabas horarias que empobrecen sus contenidos y frenan su desenvolvimiento.

A. B. V.

EL DECORADO

Velázquez gozó de aposento desde 1655 en la llamada «Casa del Tesoro», prolongación oriental del viejo Alcázar madrileño. Acaso desde sus balcones podrían divisarse algunos de los que en Palacio correspondieran a las infantas españolas. En la presente disposición escénica veremos por ello en los dos laterales dos estrechas zonas de las fachadas de la Casa del Tesoro y del Alcázar, flanqueando una zona central donde el interior del Palacio y el de la casa del pintor serán fingidos alternativamente. Ante la totalidad de estas estructuras, una faja con salida por ambos laterales representa —salvo en algún momento— un sector de la plazuela de Palacio.

Las dos fachadas laterales se encuentran en disposición inversa a la que tuvieron realmente y levemente oblicuas al proscenio. La de la izquierda pertenece a la Casa del Tesoro y corresponde a una parte de la vivienda del pintor del rey: éntrase a ella por el portal que vemos en su planta baja, sobre el que descansa un balcón de hierro, abierto al buen tiempo. La fachada de la derecha pertenece al Alcázar y en su planta baja muestra una amplia ventana enrejada. Sobre ella, un balcón monumental de doble hoja con montante de maderas. Aunque las dos fachadas coinciden en el común estilo arquitectónico del hoy desaparecido conjunto palatino, no son simétricas, y la de la izquierda es un poco más baja y angosta que la otra, como edificio subordinado que fue. Dos chapiteles de pizarra coronan las fachadas.

El espacio central que las separa avanza algo sobre la calle y tiene unos seis metros y medio de ancho; se eleva sobre el piso de la escena mediante dos peldaños que mueren por sus extremos en las fachadas. Ligeramente abocinado por conveniencia escénica, puede tener de fondo hasta once metros, que deberán fingirse en lo posible con la perspectiva del decorado según las posibilidades del escenario. Salvo la ausencia de techo, reproduce fielmente la galería del llamado Cuarto del Príncipe que, fallecido Baltasar Carlos, se destinó a obrador de pintores. Sus paredes tienen 4,42 metros de alto. Vemos en la de la derecha cinco balcones de doble hoja y montantes, del primero de los cuales basta una mitad, con la madera de su batiente y su montante. Del que le sigue, se abren alguna vez las maderas, aunque nunca las del montante; los dos siguientes siempre están cerrados y, del último de la hilera, se abren a veces batientes y montantes. En los paneles de separación, confusas copias en marcos negros que Mazo [1] sacó de Rubens y Jordaens: *Heráclito, Demó-*

---

[1]   Juan Bautista Martínez del Mazo fue yerno de Velázquez (casado con su hija Francisca, en Madrid, en 1633) y su discípulo más directo. Desempeñó el cargo de ujier de cámara de Felipe IV y, tras la muerte de su suegro, obtuvo el de pintor del rey que había quedado vacante. Realizó copias de grandes maestros, entre las que se cuentan las aludidas en la acotación, que ocupaban, según testimonios próximos, el lugar que el texto dramático describe (puede verse Antonio Palomino, *El Museo Pictórico y Escala Óptica,* Madrid, Aguilar, 1947, pág. 921). Como indica Francisco Javier Sánchez Cantón (*Velázquez. «Las Meninas» y sus personajes,* Barcelona, Juventud, 1943, pág. 14): «Por fortuna, al ser identificable una de las pinturas en la penumbra [del cuadro velazqueño] puede localizarse la escena. Desarróllase en la pieza principal del "Cuarto bajo llamado del Príncipe, que cae en la plazuela de Palacio". Adornaban esta sala cuarenta lienzos, todos de mano de Juan Bautista del Mazo, yerno de Velázquez; treinta y cinco de ellos copiaban originales de Rubens y de su escuela; otros cinco eran cacerías».

crito, Saturno, Diana. Sobre ellas, otros lienzos más pequeños de animales y países apenas se distinguen al contraluz. En la pared del fondo las dos puertas de cuarterones, de dos metros o poco menos de altura, que flanquean el gran espejo de marco negro, y a las que flanquean a su vez las lisas portezuelas de dos alacenillas. Bajo el espejo, una consola, y en la parte alta, las dos copias sabidas —*Palas y Aragne* a la izquierda, *Apolo y Pan* a la derecha—, que miden 1,81 metros por 2,23 metros y se distinguen bien cuando los balcones se abren e iluminan su mediocre colorido de copista sin nervio. La puerta de la izquierda del foro da a otro cuarto poco iluminado donde los pintores guardan sus trebejos y que tiene salida a otras dependencias del Alcázar. La puerta de la derecha da a un descansillo del que arrancan seis escalones frontales que conducen a otro rellano, para pasar al cual precisa abrirse otra puerta de madera lisa dispuesta al terminar los escalones, que gira sobre ellos hacia la izquierda y que permite ver, cuando se abre, una breve cortina recogida.

El muro de la izquierda, que el cuadro velazqueño no nos revela, carece de huecos salvo en su primer término, donde otra puerta de cuarterones similar a las del fondo da a una amplia sala que también utilizan los pintores. Algunas copias más de los flamencos completan allí el adorno pictórico de la galería. Vemos también diversos lienzos sin enmarcar vueltos contra la pared, propios del trabajo del obrador, y, entre ellos, un gran bastidor con doble travesaño. En el primer término y a continuación de la puerta un bufetillo con servicio de agua y búcaros de Estremoz[2] de diversos colores: rojo, violeta, pardo. La salvadera de plata con peana que vemos en *Las Meninas,* al lado. Otro

---

[2]   *Estremoz:* localidad portuguesa del Alto Alentejo. De su artesanía, destaca la cerámica.

bufete mayor donde descansan los pinceles, la paleta, el tiento, las vejigas y tarros del oficio, más lejos.

A la distancia aproximada del segundo panel, un caballete de tres patas de algo más de dos metros de alto, situado en el centro de la escena y hacia la izquierda, sostiene de espaldas al espectador un lienzo de tamaño mediano. Alguna silla y dos asientos de tijera con cojín, en las paredes. A la distancia de la esquina más lejana del segundo balcón, en los momentos en que la acción lo requiere, el decorado se transforma para sugerir un aposento de la casa de Velázquez y entonces la puerta de la izquierda finge dar al resto de sus habitaciones. Dos simples cortinas que se corren desde ambos lados bastan para ello. Otra doble cortina permanece descorrida en las dos aristas que la estancia forma con ambas fachadas y compone la separación de las tres zonas. Un sillón y una silla en el primer término de la derecha sirven indistintamente en la acción del Alcázar y de la casa de Velázquez.

Al fondo se divisa una alta galería abierta, flanqueada por dos torres con chapiteles, que sugiere los patios del Alcázar. Sobre ella, el azul de Madrid.

PARTE PRIMERA

Se oye el lejano doblar de una campana, que cesa poco después de alzarse el telón. La escena se encuentra en borrosa penumbra, donde sólo se distinguen dos figuras vigorosamente iluminadas, de pie e inmóviles en el primer término de ambos laterales. Son los dos mendigos que, unos dieciséis años antes, sirvieron de modelos a VELÁZQUEZ *para sus irónicas versiones de Menipo y Esopo. La semejanza es completa, mas el tiempo no ha pasado en balde.* MARTÍN, *que así se llama en esta historia el truhán que prestó su gesto a Menipo, tiene ahora los cabellos mucho más grises. Embozado en su capa raída y tocado con mugriento sombrero, mantiene a la izquierda la postura en que un día fuera pintado. Lo mismo hace a la derecha* PEDRO, *que fue pintado como Esopo, y el sayo que le malcubre, aunque no sea el mismo y tal vez tenga otro color, recuerda inconfundiblemente al que vistió cuando lo retrataron. No lleva ahora libro alguno bajo su brazo derecho, pero sostiene en su lugar un rollo de soga. Era ya viejo cuando conoció a* VELÁZQUEZ: *dieciséis años más han hecho de él un anciano casi ochentón, de cabellos totalmente blancos, aunque apenas hayan modificado su poderosa y repelente cara. Vencido por la edad y casi ciego, se ha recostado contra el lateral y aguarda entre suspiros de cansancio a que su compañero quiera ocuparse de él nuevamente*

MARTÍN.—*(Al público.)* No, no somos pinturas. Escupimos, hablamos o callamos según va el viento. Todavía estamos vivos. *(Mira a* PEDRO.*)* Bueno: yo más que él, porque se me está muriendo sin remedio. Lo que sucede es que «el sevillano» nos pintó a nuestro aire natural y ya se sabe: genio y figura...

PEDRO.—¿A quién hablas, loco?

MARTÍN.—*(Ríe. Confidencial.)* Está casi ciego, pero sabe que no hablo a nadie. [Me dice loco por mi manía de hablar a los cantos de la calle... Bueno, ¿y qué? Cada cual lo pasa como puede y él ha dado en mayor locura que yo, ya lo verán.]

PEDRO.—¡Me hartas!

MARTÍN.—*(Guiña el ojo. Da unos paseítos y gesticula como un charlatán de feria, hablando para un imaginario auditorio, que ya no es el público.)* Esto de hablar al aire es una manera de ayudarse. Se cuentan las cosas como si ya hubieran pasado y así se soportan mejor. *(Al público.)* Conque me vuelvo a vuesas mercedes y digo: aquel año del Señor de 1656 doblaban en San Juan cuando mi compadre y yo llegamos ante la casa del «sevillano». *(La luz crece. Es día claro. En la zona central, corridas la cortinas del primer término.)* ¿No conocen la historia? *(Ríe.)* Yo finjo muchas, pero ésta pudo ser verdadera. ¿Quién dice que no? ¿Usarcé?... ¿Usarcé?... Nadie abre la boca, claro. *(Mira hacia la izquierda y baja la voz.)* Y yo cierro la mía también. *(Se pone un dedo en los labios.)* ¡Chist! *(Por la izquierda entra un dominico y cruza.* MARTÍN *lo aborda con humildes zalemas mientras* PEDRO *intenta distinguir a quién habla.)* ¡Nuestro Señor dé larga vida a su paternidad reverendísima! *(El dominico le ofrece el rosario, que* MARTÍN *besa mientras el fraile lo bendice. Después, y tras una rápida mirada a* PEDRO, *que no se ha movido, sale por la derecha.)* [¡Nuestro Señor premie su gran caridad y le siente a su diestra en la

eterna gloria!...] (MARTÍN *se vuelve al público.*) A
quien da bendiciones no hay que pedirle maravedís. Es
dominico: podría pertenecer al Santo Tribunal. Y ya se
sabe:

«Con la Inquisición, chitón.» [3]

Por eso cerré la boca cuando lo vi. Quedamos en que
traje a mi compadre a casa del «sevillano». Nos había-
mos amistado cuando él nos pintó fingiendo dos filósofos antiguos. Yo le preguntaba: señor don Diego, ¿también eran pobres aquellos dos filósofos? Y él me decía
que sí. Y yo le decía: pero sus andrajos no serían como
los nuestros. Y él respondía: los andrajos siempre se parecen. Y le daba risa, y el tunante de mi compadre también reía. El diablo que los entendiese; pero ellos, bien
se entendían. Y después mi compadre se fue de Madrid
y no lo volví a ver en muchos años. Tres meses llevábamos juntos de nuevo y no nos iba mal. [Ayudábamos en
las puertas a los mercaderes a burlar el fielato; y yo...
(*Abre su capa y muestra, guiñando un ojo, un zurrón
del que entresaca unos chapines.*) solía encontrarme
bujerías que sabía vender. Otras veces] ganábamos el
condumio llevando bultos o de mozos de silla. [Y aunque el tiempo era bueno, yo siempre llevaba mi capa,
que todo lo tapa, y que nos servía para abrigarnos
cuando dormíamos en cualquier rincón.] Pero él ya estaba viejo y le tomaban calenturas, y dio en la manía de
venir a ver al «sevillano»... (*Calla al ver que* PEDRO *se*

---

[3]   Martín abrevia la frase popular: «Con el Rey, y la Cruzada, y la
Santa Inquisición, chitón» (Gonzalo de Correas, *Vocabulario de refra-
nes y frases proverbiales,* Madrid, Visor, 1992). Una variante utiliza,
en *La pícara Justina* (libro I, capítulo II), el juez que advierte a un sastre: «¡A la Inquisición, chitón!», o Quevedo cuando emplea el impera-
tivo («Chitón») como estribillo de una de sus letrillas.

encamina a los peldaños y se sienta en ellos.) ¿Qué
tienes?

PEDRO.—Estoy cansado.

(MARTÍN *se sienta junto a él.)*

MARTÍN.—*(Triste.)* Y yo.
PEDRO.—Puedes irte. Sé dónde estoy. [*(Señala a la de-
recha.)* Esta es la Casa del Tesoro.
MARTÍN.—No puedes valerte sin mí: ese es el Alcázar.
PEDRO.—No.
MARTÍN.—¡Terco! La Casa del Tesoro es la de allá.
Aquel es el portal de don Diego.
PEDRO.—Ya recuerdo. Déjame en él.
MARTÍN.—Hay tiempo... Oye, ¿por qué la llamarán la
Casa del Tesoro?
PEDRO.—Guardará los caudales del rey.
MARTÍN.—Ya no le quedan.
PEDRO.—Queda el nombre.

(*Ríen. Una pausa.)*]

MARTÍN.—¿Por qué te empeñas en ver al «sevillano»?
Por la comida no es: te conozco.
PEDRO.—Eso es cuenta mía.
MARTÍN.—Ni siquiera sabes si te acogerá.
PEDRO.—*(Lo empuja con violencia.)* ¡Vete!

(MARTÍN *se levanta y retrocede.)*

[MARTÍN.—Ni te recordará. (PEDRO *baja la cabeza.*
MARTÍN *se dirige a su auditorio imaginario.)* Ilustre senado: en aquel día del Señor el muy terco se empeñó en
abandonarme. Pero el «sevillano» ni le recordó siquiera y
se tuvo que volver con Martín, todo corrido...
PEDRO.—¿Acabarás tus bufonerías?

MARTÍN.—*(Corre a su lado y se apoya en los escalo-nes.)* Las mías se las lleva el viento de la calle. Tú acabarás haciéndolas en Palacio.

PEDRO.—¿Yo?

MARTÍN.—Pide al cielo que Velázquez te eche de mal modo. Si te protege será peor: te hará otro criado como él. [4] Saltarás como un perrillo y dirás simplezas para ganar tu pan.

PEDRO.—¡Eso no sucederá!

MARTÍN.—*(Se sienta a su lado y baja la voz.)* Pues sucederá algo peor.

PEDRO.—*(Lo mira.)* No te entiendo.]

MARTÍN.—[Sí que me entiendes...] Tú viniste hace tres meses de La Rioja y traías barba. Y otro nombre: no el que yo te conocí hace dieciséis años, cuando te las rapabas. Para ti no es bueno el aire de Palacio.

PEDRO.—¡Cállate! *(Se levanta y da unos pasos hacia la izquierda.* MARTÍN *va tras él y le toma de un brazo.)*

MARTÍN.—Aguarda... [Si te toman de bufón será lo menos malo que pueda sucederte. Mira: aquel balcón per-

---

[4] Las palabras de Martín aluden a la condición de servidores que, pese a sus habilidades, poseían los pintores y artistas en la Corte. Los biógrafos de Velázquez destacan su deseo de poseer un título, quizá para apartarse de tal situación. Palomino *(El Museo Pictórico,* cit., pág. 931) comenta cómo el rey sale al paso de los que obstaculizaban el ascenso de su pintor al estrato de la nobleza: «Habiéndose dilatado el despacho de las pruebas, por algún embarazoso, ocasionado de la emulación, [...] el Rey mandó al Presidente de la Orden [...] le enviase los informes [...]; y habiendo venido, dijo el Rey: Poned, que a mí me consta de su calidad; con lo cual no fue menester más examen». Ortega y Gasset *(Velázquez,* Madrid, Espasa Calpe, Austral, 1970[2], pág. 192) comenta: «Velázquez sentirá como su auténtica vocación la de ser un noble, y como la nobleza en aquel tiempo de la monarquía absoluta se mide por el grado de proximidad en el servicio al rey, considerará la serie de cargos palatinos que va a ir recibiendo y que culmina en su formal ennoblecimiento al recibir la Cruz de Santiago, como su verdadera carrera».

tenece a los aposentos de la infantita. Por veces he visto
yo a Nicolasillo, o a la cabezota alemana esa, asomados
con ella. Tú estarías muy galán con ropas nuevas, presu-
miendo de oidor en la cámara de su majestad para sa-
carle una sonrisa...] Creo que salen los enanos. Hay alguien tras los vidrios. *(No son los enanos quienes salen
al balcón de la derecha, sino dos de las meninas de la
INFANTA MARGARITA.)* No: son las meninas de la infanta. Algún real de a ocho me tienen dado. Puede que
hoy caiga otro. *(Abandona a* PEDRO, *que se vuelve a mirar con gesto desdeñoso, y se acerca al balcón. D.ª MA-
RÍA AGUSTINA SARMIENTO y D.ª ISABEL DE VELASCO lo
han abierto y salieron a él con cierto sigilo. Son dos da-
miselas muy jóvenes: D.ª AGUSTINA tal vez no pase de
los dieciséis años, y D.ª ISABEL, de los diecinueve. Visten
los trajes con que serán retratadas en el cuadro famoso.)*[5] ¡Que la Santa Virgen premie la gran caridad de
tan nobles damas!

D.ª AGUSTINA.—¡Chist! ¡Alejaos presto!
MARTÍN.—*(Se acerca más.)* Puedo también ofrecer alguna linda bujería digna de tan altas señoras...

> *(Introduce la mano en el zurrón que lleva
> bajo la capa.)*

D.ª ISABEL.—¡Otra vez será! ¡Idos!
[MARTÍN.—¡Miren qué lindeza!]

---

[5]   Los nombres propios que se utilizan en la pieza dramática, a excepción de los de Martín y Pedro, proceden de fuentes históricas. Los
de los componentes del famoso cuadro se encuentran perfectamente
documentados, como puede verse en Francisco Javier Sánchez Cantón
(*Velázquez. «Las Meninas» y sus personajes*, cit., págs. 14-25), quien,
basándose en Palomino, los caracteriza y describe. El dramaturgo se
atiene a tales documentos y sólo aventura en *su cuadro* el nombre del
anónimo «guardadamas», a quien Gaya Nuño nombra como Diego
Ruiz de Azcona (véase la Introducción).

D.ª AGUSTINA.—*(Se busca en el corpiño.)* Si no le damos, no se irá. ¿No tendríais vos algún maravedí?

(D.ª ISABEL *deniega y se registra a su vez. Ambas miran hacia el interior con sobresalto.)*

MARTÍN.—Vean qué chapines de cuatro pisos. No los hay más lucidos...
[D.ª AGUSTINA.—¡Id enhoramala, seor pícaro!
D.ª ISABEL.—¡Y no traigáis chapines a meninas!
MARTÍN.—No se enojen vuesas mercedes. Para cuando sean damas de la reina los podrían mercar...]
D.ª AGUSTINA.—¡Doña Marcela!

(D.ª MARCELA DE ULLOA *aparece tras ellas en el balcón. Es una dueña, viuda a juzgar por el monjil negro y las blancas tocas que enmarcan su rostro fresco y lleno, atractivo aún pese a los cuarenta años largos que cuenta. Guarda-mujer al servicio de las infantas, tiene a su cargo rigurosas vigilancias.)*

D.ª MARCELA.—*(Con voz clara y fría.)* Mi señor don Diego Ruiz de Azcona, hágame la merced de asistirme con estas señoras. *(A las meninas.)* Sepamos quién les dio licencia para salir al balcón.

(D. DIEGO RUIZ DE AZCONA, *guardadamas de las infantas, aparece tras ellas. Usa golilla blanca y viste jubón negro con largas mangas bobas. Pasa de los cincuenta años y su marchito rostro ofrece siempre una expresión distante y aburrida.)*

D.ª AGUSTINA.—Vimos a este hombre, que suele vender randas y vueltas...

D.ª MARCELA.—Otras veces es porque cruza un perro... o un galán. [Vos, doña Isabel, que sois mayor en juicio y en años, debierais dar mejor ejemplo.]

RUIZ DE AZCONA.—*(Con una voz blanda e indiferente.)* Se comportarán mejor en adelante... Háganme la merced de entrar, señoras. Dentro de Palacio es donde mejor se pasa... Cuando lleguen a mi edad lo comprenderán.

> *(Se aparta, y las dos meninas pasan al interior.)*

MARTÍN.—*(Exhibe los chapines.)* Noble señora: mirad estos lindos chapines con virillas de oro...

D.ª MARCELA.—*(Alza la voz.)* ¿Es que ya no hay guardia en Palacio?

MARTÍN.—Pero, señora...

D.ª MARCELA.—*(A D. DIEGO.)* ¡No se puede dar un paso en los patios o la plazuela sin toparse esta lepra de pedigüeños! (D. DIEGO *asiente con gesto cansado.)* ¡Aquí esa guardia! (MARTÍN *retrocede, alarmado.* PEDRO *vuelve la cabeza, expectante. Por la derecha entra un guardia borgoñón con pica.)* ¡Alejad a esos fulleros!

PEDRO.—*(Yergue soberbiamente su crespa cabeza.)* ¿Cómo ha dicho?

MARTÍN.—*(Retrocede y lo toma de un brazo.)* No es menester, señora. Ya nos vamos, seor soldado.

> *(Camina unos pasos hacia la izquierda bajo la mirada del soldado, que se paró y descansa la pica en el suelo.)*

PEDRO.—*(Se resiste.)* ¡Déjame en el portal de don Diego!

MARTÍN.—Luego, hermano. Ahora no conviene.

*(Lo conduce al lateral. Entretanto las corti-
nas del centro se descorren y dejan ver un
aposento de la casa de* VELÁZQUEZ, *que se
va iluminando por el balcón de la derecha.*
MARTÍN *y* PEDRO *salen por la izquierda.
Apoyada en el sillón y mirando a la puerta
de la izquierda, que está abierta,* D.ª JUANA
PACHECO, *con la cabeza alta y expectante,
escucha. Su vestido es discreto, sin guardainfante; lo mismo el peinado de sus cabellos naturales, que son morenos aunque
pasa con creces de los cincuenta años. Em-
barnecida por la edad, su rostro conserva el
agrado de una mujer que, sin ser bella, fue
encantadora. A su lado, su yerno* JUAN BAU-
TISTA DEL MAZO *la mira en silencio. Es
hombre magro, de unos cuarenta y cuatro
años, y viste de negro con golilla. El guardia borgoñón alza su pica y prosigue su
ronda hasta salir a su vez por la izquierda.)*

[RUIZ DE AZCONA.—La señora infanta podría echar-
nos de menos...]

D.ª MARCELA.—*(Con una furtiva ojeada a la Casa del
Tesoro.)* [Id vos, mi señor don Diego. Y] hacedme la merced de mandarme acá a doña Isabel de Velasco.

RUIZ DE AZCONA.—Sed benigna con ella. No son más
que unas niñas.

D.ª MARCELA.—*(Le sonríe.)* Confiad en mí.

*(*RUIZ DE AZCONA *pasa al interior.* D.ª MAR-
CELA *mira hacia la Casa del Tesoro.)*

D.ª JUANA.—*(Con ligero acento sevillano.)* ¿Oís? Ha
dejado el tiento y los pinceles.

MAZO.—¿Creéis que me permitirá verlo?

D.ª JUANA.—¿Tanto os importa esa pintura?

MAZO.—*(Sorprendido.)* ¿A vos no, señora?

D.ª JUANA.—*(Con un mohín equívoco.)* He visto ya muchas de sus manos.

> *(Sigue escuchando.* D.ª ISABEL *reaparece en el balcón.)*

D.ª MARCELA.—Venid acá, doña Isabel. [Tranquilizaos: quiero justamente haceros ver que no soy tan severa como pensáis...] No está prohibido asomarse al balcón si se sale a él con persona de respeto... Disfrutad de él conmigo un ratico.

D.ª ISABEL.—Gracias, señora.

D.ª MARCELA.—*(Mira a la derecha.)* ¿No es aquél el esclavo moro del «sevillano»?

D.ª ISABEL.—Sí, señora. Pero ya no es esclavo.

D.ª MARCELA.—Cierto, que lo ha libertado el rey. [6]

> *(*D.ª JUANA *se pone a pasear de improviso.)*

D.ª JUANA.—Estáis vos en extremo pendiente de las pinturas... A mí me importan más mis nietos.

MAZO.—Si es un reproche, señora...

D.ª JUANA.—Cuidad del pequeñito... Ayer se lo dije a la dueña: no engorda.

MAZO.—Así lo hacemos, señora.

D.ª JUANA.—¡Callad! Ahora sale al balcón.

---

[6]   Juan de Pareja fue esclavo de Velázquez hasta 1654, año en que se le concedió la libertad. A partir de entonces y hasta que muere, en 1670, trabajó como pintor, lo que hace pensar a los estudiosos velazqueños que parte del tiempo que estuvo al servicio de don Diego fue su ayudante de taller (puede verse Jonathan Brown, *Velázquez. Pintor y cortesano,* Madrid, Alianza, 1986, págs. 201-203).

(Se detiene y escucha. En el balcón de la iz-
quierda aparece DIEGO VELÁZQUEZ *y se*
apoya con un suspiro de descanso en los
hierros. Viste el traje negro, de abiertas
mangas de raso y breve golilla, con que se
retratará en el cuadro famoso. En el cinto,
la negra llave de furriera. [7] *Sus cincuenta y*
siete años han respetado la conjunción
única de arrogancia y sencillez que adornó
siempre a su figura. El rostro se conserva
terso; el mostacho, negro. La gran melena
le grisea un tanto. Abstraído, mira al frente.)

D.ª MARCELA.—Mirad. Don Diego sale al balcón.

*(*JUAN DE PAREJA *entra por la derecha,*
cruza y se detiene bajo el balcón de su se-
ñor. PAREJA *frisa en los cuarenta y seis*
años. Es hombre de rasgos negroides y cu-
tis oliváceo, con el cabello, el bigote y la
barba negrísimos. Usa traje oscuro y va-

---

[7] La llave con la que lo caracteriza el dramaturgo es la que acredi-
taba su oficio de aposentador de la casa real, por el que era responsable
de muebles y enseres de palacio y de la limpieza de ellos y de las habitaciones. Un resumen de sus obligaciones puede verse en Jonathan
Brown (*Velázquez,* cit., págs. 215 y 216). Palomino (*El Museo Pictó-*
rico, cit., pág. 920) lo describe con «la llave de la cámara y de Aposentador en la cinta»; y poco antes se había quejado (pág. 919) de que el
artista haya de atender a lo doméstico: «Para los empleos domésticos,
sin más estudios que la común práctica, es hábil cualquier mediano talento; mas para una habilidad superior, no es hábil cualquiera». Poco
después tendrá lugar, en el drama, una huelga de limpiadores que dará
pie a la consideración del contexto histórico (la situación económica de
la España de Felipe IV) y a la reflexión sobre la actuación del poder.
Sobre la pobreza de la corte española son de interés las noticias recogidas en los *Avisos* de Jerónimo de Barrionuevo (I y II, Madrid, BAE,
1968), a los que nos referiremos.

lona. VELÁZQUEZ *no repara en él; les ha puesto pantalla a los ojos con la mano y mira ahora hacia la izquierda.)*

PAREJA.—Amo...
VELÁZQUEZ.—*(Lo mira y sonríe con sorna.)* ¿Amo?
No olvides que el rey te ha libertado.

(Su dicción es cálida y suave. Apenas pronuncia las eses finales de las palabras, mas ha perdido casi del todo su acento de origen.)

PAREJA.—Perdonad, señor. He de hablaros.
VELÁZQUEZ.—Luego. *(Vuelve a mirar a la izquierda, con la mano de visera.* PAREJA *va a entrar en el portal.)*
Aguarda... Mira hacia los Caños del Peral. ¿No ves algo nuevo?
[PAREJA.—No veo nada.]
D.ª MARCELA.—*(Con sigilo.)* ¿Qué mirarán?
[D.ª ISABEL.—Dicen que estos días se han visto en el cielo de Madrid dos ejércitos en lucha... Que es señal cierta de alguna victoria contra el francés. ¿Si sabrá él ver esos prodigios?[8]
D.ª MARCELA.—Es hombre extraño.]
VELÁZQUEZ.—¿No ves una sombra nueva?
PAREJA.—¿A la derecha?
VELÁZQUEZ.—Sí. ¿Qué es?

---

[8] Noticias de este cariz corriendo de boca en boca son frecuentes en una época caracterizada por la desmesura, el desequilibrio y la inseguridad. El 19 de julio de 1656, Jerónimo de Barrionuevo *(Avisos,* I, cit., pág. 298) informa de que el «miércoles 12 de este, a las once de la noche, se levantó en la media región del aire un globo de fuego, como una rueda grande de carro»; tras explicar su trayectoria, indica que «remató en El Escorial», y afirma: «Téngolo por agüero afortunado», y lo interpreta como la grandeza del rey y el vaticinio de su triunfo sobre Holanda.

PAREJA.—Oí decir que cavaban en los Caños para edificar.

D.ª JUANA.—¿Qué hará?

MAZO.—Me ha parecido oír su voz.

(D.ª JUANA *se sienta, impaciente, en el sillón.*)

VELÁZQUEZ.—(*Mirando.*) Es curioso lo poco que nos dicen de las cosas sus tintas... Se llega a pensar si no nos estarán diciendo algo más verdadero de ellas.

PAREJA.—¿Qué, señor?

VELÁZQUEZ.—(*Lo mira y sonríe.*) Que no son cosas, aunque nos lo parezcan.

[PAREJA.—No entiendo, señor.

VELÁZQUEZ.—(*Con una breve risa.*)] ¿Querrías ver lo que he terminado?

PAREJA.—(*Con exaltación.*) ¿Me dará licencia?

VELÁZQUEZ.—A mi yerno y a ti, sí. Subid los dos.

(PAREJA *se apresura a entrar en el portal.* VELÁZQUEZ *deja de mirar y va a salir del balcón; intrigado, vuelve a observar la lejanía.*)

D.ª MARCELA.—(*Que no lo pierde de vista.*) Finge no vernos.

D.ª ISABEL.—¿Creéis?

D.ª MARCELA.—Es orgulloso. [¿Habéis vuelto a servirle de modelo para el bosquejo del cuadro que prepara?

D.ª ISABEL.—No. ¿Y vos, señora?

D.ª MARCELA.—Tampoco. La señora infanta doña María Teresa sí frecuenta ahora el obrador.

D.ª ISABEL.—¿La pinta al fin en mi lugar?

D.ª MARCELA.—Eso es lo curioso... Que no la pinta.

D.ª ISABEL.—Pues, ¿qué hacen?

D.ª MARCELA.—Hablan. Ya sabéis que a la señora infanta le place hablar... y pensar... No parece que tenga
vuestra edad. Su majestad no sabe si alegrarse o sentirlo.

D.ª ISABEL.—¿Es eso cierto?

D.ª MARCELA.—¿Qué diríais vos en su lugar? Una
hija que no gusta de las fiestas palatinas, que va y viene
sin séquito, que se complace en raros caprichos... Y eso
que podría ser un día reina de España... Es para cavilar
si no sufrirá alguna pasión de ánimo. Mas esto no es
censura, doña Isabel: una infanta puede hacer cosas que
le están vedadas a una menina... Don Diego no se
mueve.

D.ª ISABEL.—No... Me holgaría de que don Diego hubiese terminado ya su pintura.

D.ª MARCELA.—¿Por qué?

D.ª ISABEL.—Cuando la termine volverán a poner el
estrado para nosotras. Se pasaban muy lindos ratos en el
obrador.]

D.ª JUANA.—¿No han llamado?

MAZO.—Sí, señora.

(D. DIEGO RUIZ DE AZCONA *reaparece tras*
D.ª MARCELA.)

RUIZ DE AZCONA.—La señora infanta doña María Teresa viene a ver a su augusta hermana. [La vi llegar por el
pasadizo.]

D.ª MARCELA.—¡Jesús nos valga! Y nosotras come-
tiendo un feísimo pecado.

D.ª ISABEL.—¿Qué pecado?

D.ª MARCELA.—El de mirar a un hombre tan de continuo. Ya veis el peligro de los balcones. Tomad vuestra
vihuela, doña Isabel; sabéis que ella gusta de oíros. Vamos.

(*Salen las dos del balcón y desaparecen, se-
guidas del guardadamas, al tiempo que en-*

tra PAREJA *por el centro de las cortinas y llega a besar la mano de* D.ª JUANA.*)*

PAREJA.—Dios guarde a mi señora. ¡Mi señor don Diego nos da licencia a don Juan Bautista y a este humilde criado para ver su pintura!

MAZO.—¿La terminó ya?

PAREJA.—*(Asiente con alegría.)* Me lo ha dicho desde el balcón.

*(*MAZO *se dirige presuroso a la puerta de la izquierda.)*

MAZO.—Maestro, ¿podemos subir?

*(*VELÁZQUEZ *oye algo y se mete para escuchar desde el batiente.)*

VELÁZQUEZ.—*(Sonríe.)* ¿No estás hoy de semana en Palacio?

MAZO.—Quería ver el cuadro.

VELÁZQUEZ.—Subid.

(Se retira del balcón y ya no se le ve. MAZO *sale por la puerta.)*

PAREJA.—Con vuestra licencia, señora.

(Sale tras él. D.ª JUANA *los ve partir con gesto frío; poco después se levanta y se acerca a la puerta para escuchar.)*

VELÁZQUEZ.—*(Voz de.)* Ahora hay buena luz.

(Se le ve cruzar tras el balcón hacia la izquierda. Aparecen siguiéndole MAZO *y*

PAREJA, *que se detienen asombrados. La vihuela de* D.ª ISABEL *modula dentro la segunda* Pavana *de Milán.* PAREJA *va a adelantar a* MAZO, *pero se da cuenta a tiempo y retrocede.)*

PAREJA.—Perdonad...

MAZO.—No, no... Podéis acercaros. *(Y lo hace él, desapareciendo.* PAREJA *da también unos pasos y desaparece a su vez. Una larga pausa. Retrocediendo,* MAZO *reaparece y se apoya contra el batiente del balcón.)* Es... increíble.

PAREJA.—*(Voz de.)* Ni el Ticiano habría acertado a pintar algo semejante. [9]

VELÁZQUEZ.—*(Voz de.)* ¿No será que te quita el juicio la belleza del modelo?

(D.ª JUANA, *con un mal gesto, se aparta bruscamente y sale por el centro de las cortinas.)*

---

[9] «¿Cómo comentar esta obra si no es diciendo, simplemente, que es el mejor desnudo que se ha pintado en toda la historia del arte?», se pregunta José Camón Aznar ante la *Venus del espejo* («La *Venus* de Velázquez», *Las artes y los días,* Madrid, Sucesores de Rivadeneyra, 1965, pág. 226). Si tenemos en cuenta las reacciones que manifiestan los personajes del drama al contemplar el oculto cuadro, motivo de la acusación hacia el artista, es lógico pensar que el dramaturgo está influyendo sobre el receptor para que asocie dicho lienzo con el conocido cuadro, a pesar de que las fechas de realización de la famosa pintura se encuentran en discusión y es frecuente situarla entre 1649 y 1650. Jonathan Brown («Velázquez e Italia», en *Velázquez,* cit., págs. 69-105) analiza la influencia que la pintura de la escuela veneciana del siglo XVI ejerció en Velázquez y de qué manera es perceptible su impronta desde las obras compuestas a partir de su primer viaje a Italia. Así mismo hace notar cómo se advierte en sus temas, ya que el desnudo femenino no era habitual entre los artistas españoles y Velázquez llegó a pintar tres cuadros con dicho motivo, probablemente influido por Tiziano.

MAZO.—[*(Grave.)* Los del Ticiano no eran menos bellos, don Diego.] *(Sale al balcón y se reclina sobre los hierros, pensativo.* VELÁZQUEZ *reaparece, sonriente.)* Gustaría de copiarlo algún día.

VELÁZQUEZ.—Sería peligroso. Ea, Juan, ¿qué haces ahí como un papamoscas? Tiempo tendrás de verlo. Bajemos. *(Desaparece por la derecha del balcón.* MAZO *se entra y mira de nuevo el cuadro invisible.* PAREJA *reaparece andando de espaldas. Se oye la voz de* DON DIEGO.*)* ¿Vamos, hijos míos? *(Tras una última ojeada al cuadro, ambos desaparecen. Se siguen oyendo sus voces por la escalera. El soldado borgoñón vuelve a entrar por la izquierda y cruza, lento, para salir por la derecha.)* ¿Qué venías tú a decirme, Juan?

PAREJA.—*(Voz de.)* Excusadme, señor. Vuestra pintura me lo hizo olvidar. El barrendero mayor os buscaba porque los mozos no querían limpiar la Galería del Cierzo.

> *(La vihuela calla.* VELÁZQUEZ *entra por la puerta de la izquierda seguido de* MAZO, *que, abstraído, va a apoyarse en la silla.* PAREJA *entra después y sigue hablando con* DON DIEGO.*)*

VELÁZQUEZ.—¿Y eso?

> *(*D.ª JUANA *vuelve a entrar por el fondo.)*

PAREJA.—Piden sus atrasos. Querían acudir al señor marqués. Conviene que os adelantéis.

VELÁZQUEZ.—Ni pensarlo: [Deja] que [se irriten y] protesten ante el marqués. [A ver si así...

D.ª JUANA.—¿Sucede algo?

VELÁZQUEZ.—] Toma asiento, Juana. Platicaremos un rato. [Estoy cansado.] *(La conduce al sillón.)* [¿Dispusiste mi paleta en el obrador, Juan?

PAREJA.—También quería hablaros de eso, señor.

VELÁZQUEZ.—¡Cuánta novedad!

PAREJA.—El señor marqués ha preguntado que quién había dispuesto mantenerlo cerrado, no estando vos. Dije que vos... Y se rió de un modo... que no me agradó nada.

VELÁZQUEZ.—No suena a música, no, cuando se ríe.

PAREJA.—Luego se puso a mirar el bosquejo que pintáis...

VELÁZQUEZ.—*(Atento.)* Hola...

PAREJA.—Se sonreía, y gruñó: ¿creéis que ese cuadro llegará a pintarse?

D.ª JUANA.—¿No te sucederá nada malo?

VELÁZQUEZ.—Claro que no, Juana.]

(Se sienta junto a ella.)

[D.ª JUANA.—Quizá no debiste cerrar el obrador. A todos les ha sentado mal.

VELÁZQUEZ.—Me fastidia el pintar rodeado de mirones... Y más una pintura como esa.

D.ª JUANA.—¿Qué intentas con esa pintura?

VELÁZQUEZ.—*(Sonríe.)* Díselo tú, Bautista. *(*MAZO, *ensimismado, no responde.)*] Bautista, hijo, ¿en qué piensas?

MAZO.—*(Con media sonrisa, señalando hacia arriba.)* ¿Os percatáis de que es la primera vez que un pintor español se atreve a hacerlo?

*(*D.ª JUANA *baja los ojos.)*

VELÁZQUEZ.—Esperemos que no sea la última.

D.ª JUANA.—¡Ojalá sea la última!

VELÁZQUEZ.—¿Otra vez, Juana?

D.ª JUANA.—Perdona.

VELÁZQUEZ.—Toma la llave. *(Se la da.)* Ya no es menester que limpies tú; dentro de unos días lo guardaré y podrás volver a dejar abierto. *(Se levanta.)* Cuento con vuestro silencio.

MAZO.—Por supuesto, don Diego.

VELÁZQUEZ.—*(A su yerno.)* Vete ya a Palacio. Y tú, Juan, espérame fuera; saldremos juntos.

(PAREJA *se inclina y sale por el fondo.)*

MAZO.—Dios os guarde.

(Sale por el fondo bajo la mirada de DON DIEGO.*)*

D.ª JUANA.—Id con Dios, Bautista.

VELÁZQUEZ.—En ti puedo fiar. ¿Y en ellos?

D.ª JUANA.—¿Cómo puedes decir eso?

VELÁZQUEZ.—Son pintores.

D.ª JUANA.—Te son adictos...

VELÁZQUEZ.—Es triste no saberse pasar sin enseñar lo que uno pinta. No es vanidad: es que siempre se pinta para alguien... a quien no se encuentra.

(Se toma lentamente la mano izquierda con la derecha y se la oprime, en un gesto que D.ª JUANA no deja de captar. Solícita, se levanta y acude a su lado.)

D.ª JUANA.—*(Tomándole con afecto por el brazo.)* No estás solo, Diego.

VELÁZQUEZ.—Ya lo sé, Juana. *(Se desprende y va al sillón.)* Te tengo a ti, tengo a nuestros nietos, la casa se llena todos los días de discípulos que me respetan y el rey me honra con su amistad. *(Sonríe.)* ¡Soy el hombre más acompañado de la Tierra!

(Se sienta.)

[D.ª JUANA.—Entonces, ¿por qué te sientes solo?

VELÁZQUEZ.—*(Ríe.)* Es mi pintura la que se siente sola.

D.ª JUANA.—El rey la admira.

VELÁZQUEZ.—No la entiende.

D.ª JUANA.—*(Va a su lado.)* Tampoco yo la entiendo... y la amo, Diego. Porque te amo a ti.

VELÁZQUEZ.—No quise ofenderte, Juana.]

D.ª JUANA.—*(Deniega, triste.)* Sé que a tus ojos no soy más que una pobre mujer que no entiende de pintura. Ni a ti; porque tú eres tu pintura.

> *(Está tras el sillón; le acaricia suavemente la melena.)*

VELÁZQUEZ.—¿Qué ideas son ésas?

D.ª JUANA.—¡Déjame hablar! A tu espalda, para que no veas... lo vieja que soy ya.

VELÁZQUEZ.—Contamos casi los mismos años...

D.ª JUANA.—Por eso soy más vieja. Las damas aún te miran en la Corte; me consta. Y yo soy... una abuela pendiente de sus nietos.

VELÁZQUEZ.—No para mí, Juana.

> *(Oprime de nuevo su izquierda con su derecha.)*

D.ª JUANA.—Entonces, ¿por qué te sientes solo... conmigo?

[VELÁZQUEZ.—Eso no es cierto.

D.ª JUANA.—*(Se enfrenta con él.)* ¡Sí lo es! ¡Y desde hace años!]

VELÁZQUEZ.—¿Lo dices porque hablamos poco? Yo siempre he sido parco en palabras.

D.ª JUANA.—Nunca como desde entonces. Antes me confiabas tus alegrías, tus tristezas. Después...

VELÁZQUEZ.—¿Después de qué?

D.ª JUANA.—De tu segundo viaje a Italia. *(Se aparta, dolida.)* Tardaste mucho en volver. [10] Y viniste... muy distinto. [Era como si te hubieras olvidado de nosotros.]

VELÁZQUEZ.—*(Después de un momento.)* Cuando respiras el aire y la luz de Italia, Juana, comprendes que hasta entonces eras un prisionero... Los italianos tienen fama de sinuosos; pero no son, como nosotros, unos tristes hipócritas. Volver a España es una idea insoportable y el tiempo pasa... Al segundo viaje ya no podía resistirla: llegué a pensar en quedarme.

D.ª JUANA.—¿Lo ves?

VELÁZQUEZ.—Y en llevaros a vosotros después. Mas eso hubiera traído dificultades... Y a España se vuelve siempre, pese a todo. No es tan fácil librarse de ella.

(Se vuelve a oprimir las manos.)

D.ª JUANA.—Pero antes, Diego, yo era tu confidente. Me sentaba a tu lado como ahora *(Lo hace.)* y tú buscabas mi mano con la tuya... Míralas. Desde tu vuelta, se buscan solas...

VELÁZQUEZ.—*(Se sobresalta y separa sus manos.)* ¿Qué dices?

D.ª JUANA.—¿A quién busca esa mano [desde entonces], Diego? *(Desliza su brazo y se la toma.)* ¿A... otra mujer?

VELÁZQUEZ.—*(Después de un momento.)* No hubo otra mujer, Juana.

---

[10] En noviembre de 1648, el rey autorizó el segundo viaje de su pintor a Italia, y el 21 de enero de 1649 embarca Velázquez en Málaga rumbo a Génova. En 1650, el rey le manda acelerar su vuelta a España, a través de una carta enviada al embajador español, duque del Infantado. Varias cartas más escribió Felipe IV antes de que su pintor de cámara se decidiese a regresar. En 1651 inicia desde Génova la vuelta.

[D.ª JUANA.—Y... ¿la hay aquí?
VELÁZQUEZ.—No.]

(Se levanta bruscamente y da unos pasos.)

D.ª JUANA.—*(Con súbito desgarro.)* ¿Qué ha ocurrido ahí arriba estos días?

VELÁZQUEZ.—He pintado. *(Ella rompe a llorar.)* ¡He pintado, Juana! ¡Quítate de la cabeza esos fantasmas!

D.ª JUANA.—¡Pues habrá otra en Palacio!

VELÁZQUEZ.—*(Oprimiéndose con furia las manos.)* ¡Estás enloqueciendo!

D.ª JUANA.—*(Las señala, llorando.)* ¡Esas manos!...

VELÁZQUEZ.—*(Las separa bruscamente, disgustado.)* Acaso busquen a alguien sin yo saberlo. No a otra, como tú piensas. A alguien que me ayude a soportar el tormento de ver claro en este país de ciegos y de locos. Tienes razón: estoy solo. Y sin embargo... Conocí hace años a alguien que hubiese podido ser como un hermano. *(Con una amarga sonrisa.)* Él sí sabía lo que era la vida. Por eso le fue mal. Era un mendigo.

D.ª JUANA.—¿De quién hablas?

VELÁZQUEZ.—Ni recuerdo su nombre. Ya habrá muerto. *(Sonríe.)* Perdóname, Juana. Estoy solo pero te tengo a ti. [¿No hemos quedado en que el cariño es lo principal?] *(Ha ido a su lado y le levanta la barbilla.)* No debí levantarte la voz. Es que estoy inquieto por el cuadro que quiero pintar. El rey ha de autorizarlo y no sé si lo hará.

D.ª JUANA.—¿Tú me juras por la Santa Cruz que no hay... otra mujer?

VELÁZQUEZ.—No te empeñes en esas niñerías.

(Se aleja.)

D.ª JUANA.—¡No has jurado!

VELÁZQUEZ.—Calla. ¿No llaman?

(Por el fondo aparece JUAN DE PAREJA. *Trae la espada, la capa y el sombrero de* D. DIEGO.*)*

PAREJA.—Vuestro primo don José Nieto Velázquez ruega ser recibido por mi señora.
[VELÁZQUEZ.—¿Sabe que estoy aquí?
PAREJA.—Yo no se lo he dicho.
VELÁZQUEZ.—Sigue callándotelo y pásalo al estrado.
PAREJA.—] Os traje vuestras prendas por si no queríais...
VELÁZQUEZ.—*(Sonríe.)* Bien pensado. Aguárdame tú en la puerta: saldré por el corredor.
PAREJA.—Sí, mi señor.

(D.ª JUANA *le recoge las cosas y las deja en la silla.* PAREJA *sale por el fondo.* D.ª JUANA *ayuda en silencio a su marido a ceñirse la espada y el ferreruelo. Entretanto* D.ª MAR- CELA *sale al balcón de la derecha y otea la calle, mirando con disimulo a la Casa del Tesoro.* D. DIEGO RUIZ DE AZCONA *asoma poco después.)*

D.ª MARCELA.—El día está templado. La señora infanta puede dar su paseo.
RUIZ DE AZCONA.—¿Vamos, pues?
D.ª MARCELA.—Hacedme la merced de salir sin mí, don Diego. He de dar un recado en la Casa del Tesoro sin demora...
RUIZ DE AZCONA.—Si preferís que nos acompañe otra dueña...
D.ª MARCELA.—Es cosa de poco. Yo iré luego: descuidad.

Ruiz de Azcona.—En el Jardín de la Priora estaremos.

(Se retiran ambos del balcón.)

D.ª Juana.—¿Por qué huyes de tu primo?
Velázquez.—No dice más que niñerías.
D.ª Juana.—Para ti todos somos niños...
Velázquez.—Puede ser.
D.ª Juana.—Es el mejor amigo que tienes en Palacio, Diego.
Velázquez.—¿Por qué solicitó el puesto de aposentador mayor cuando yo lo pedí?[11]
D.ª Juana.—Lo ha aclarado muchas veces: se presentaban otros y era preferible que lo alcanzase él si a ti no te lo daban... Te quiere bien, Diego.
Velázquez.—Y a ti más que a mí. No me opongo, pues que gustas de su plática. Yo, con tu licencia, me escabullo. *(Le besa la frente.)* Deséame suerte, Juana. Puede que el rey decida hoy.
D.ª Juana.—¡Que Dios te ayude!

> *(Le estrecha las manos. Él toma su sombrero y sale por la izquierda.* D.ª Juana *lo ve partir, suspira y sale luego por el fondo. Entretanto la infanta* María Teresa *asoma*

---

[11] «El 2 de noviembre de 1652 se reunió el Bureo, la comisión encargada del gobierno de la real casa, para analizar la vacante que se había producido en el puesto de aposentador mayor de palacio. Cuatro eran los candidatos propuestos para ocupar el cargo, Velázquez entre ellos. Cada miembro del Bureo envió una recomendación al rey en la que se nombraba a los cuatro candidatos según su orden de preferencia personal. [...] Velázquez [...] no salió bien situado de la votación [...]. Por fortuna para él, sin embargo, el único voto decisivo se inclinó a su favor: en la concisa nota al margen que escribió el rey se lee "Nombro a Velázquez"» (Jonathan Brown, *Velázquez,* cit., pág. 215).

*al balcón de la derecha y mira con ternura
hacia ese lado. Sólo cuenta dieciocho años,
pero hay algo en sus rasgos que la hace parecer mayor. Ha heredado de su padre el ru-
bio ceniciento de los cabellos, el grueso la-
bio inferior, la mandíbula un tanto pesada;
pero su mirada es dulce y penetrante, vivos
sus ademanes. Viste un lujoso jubón de color claro y lleva guardainfante. El pesado
peinado de corte resulta airoso en su graciosa cabeza. Está mirando a su hermanita,
que va al paseo, y le dedica cariñosos adio-
ses con la mano. Luego se retira.* VELÁZ-
QUEZ *y* PAREJA *salen del portal.* D.ª MAR-
CELA *entra por la derecha y se enfrenta con
ellos, que avanzan. Reverencias.)*

VELÁZQUEZ.—*(Se descubre.)* Señora...

D.ª MARCELA.—Dios os guarde, señor don Diego. He
de daros un recado.

VELÁZQUEZ.—¿Aquí?

D.ª MARCELA.—Es cosa de poco.

VELÁZQUEZ.—Prosigue, Juan. *(*PAREJA *saluda y sale
por la derecha. Un corto silencio.)* Vos diréis.

D.ª MARCELA.—*(Que no acierta a hablar.)* No así, don
Diego. No me lo hagáis más difícil.

VELÁZQUEZ.—No os entiendo.

D.ª MARCELA.—Sí que me entendéis. Y aunque sólo
fuese por eso no debierais hablarme con tanta frialdad...
Nos conocemos desde que os protegía el señor conde-duque y yo servía en su casa. [12] Entonces era casi una niña...

---

[12]   Comenta Palomino (*El Museo Pictórico*, cit., pág. 897) cómo
desde 1623, año en que don Gaspar de Guzmán es retratado por el pintor
sevillano, aquél lo toma bajo su protección y lo introduce en la Corte,

Una niña requerida por muchos galanes, pero que sólo quería encontrar... una verdadera amistad.

VELÁZQUEZ.—¿Os referís a cuando aún vivía vuestro señor esposo?

D.ª MARCELA.—¡No lo nombréis! Sabéis bien [que me casaron contra mi voluntad y] que mi matrimonio fue una cruz.

> *(La infanta* MARÍA TERESA *reaparece en el balcón y sin salir a los hierros los observa con recato desde el batiente.)*

VELÁZQUEZ.—Recuerdo en efecto que me honrasteis con esa confidencia.

D.ª MARCELA.—Llegué a creer que la habíais olvidado. Parecíais tan ocupado a la sazón en amar a vuestra esposa...

VELÁZQUEZ.—Así era.

D.ª MARCELA.—*(Se le enternece la mirada.)* Pero lo recordáis.

VELÁZQUEZ.—*(Suspira.)* Recordar viejas historias es lo que nos queda a los viejos, señora.

D.ª MARCELA.—Un hombre como vos nunca es viejo, don Diego.

VELÁZQUEZ.—*(Sonríe.)* Ni mozo.

D.ª MARCELA.—La madurez sabe guardar secretos deleitosos que la mocedad no sospecha.

VELÁZQUEZ.—¿Lo decís por mí, señora?

D.ª MARCELA.—*(Baja los ojos.)* Lo digo por los dos.

VELÁZQUEZ.—Disculpadme; me aguardan en Palacio. A vuestros pies, doña Marcela.

---

donde pinta al rey; Olivares, afirma el comentarista: «Prometióle que él sólo había de retratar a Su Majestad, y los demás retratos se mandarían recoger; gozando la misma preeminencia que tuvo Apeles, que sólo él podía pintar la imagen de Alejandro» (puede verse también el capítulo II del estudio de Jonathan Brown, cit.).

(Saluda y da unos pasos hacia la derecha.)

D.ª MARCELA.—¡No os vayáis aún!

VELÁZQUEZ.—Señora...

D.ª MARCELA.—Chist. *(El centinela cruza de derecha a izquierda. D.ª* MARCELA *se acerca.)* ¿Por qué no queréis entender? ¿Es que el sufrimiento de una mujer no os causa, por lo menos, un poco de piedad? ¿Sois de hielo o de carne?

VELÁZQUEZ.—Señora: vuestra severidad es proverbial en Palacio. [De todas las dueñas de la reina nuestra señora, la más intransigente con las conciencias ajenas sois vos.] ¿Cómo podríais vos, tan impecable, abandonaros al mayor de los pecados? No puedo creerlo.

D.ª MARCELA.—*(Sin voz.)* Es el más humano de todos.

VELÁZQUEZ.— Hablo, señora, del pecado de la doblez. Sin duda, os queréis chancear a mi costa. [Id a vigilar a vuestras meninas, y no me sometáis a la dura prueba de vuestras burlas.]

D.ª MARCELA.—*(Con los ojos bajos.)* No hagáis que me desprecie a mí misma.

VELÁZQUEZ.—Quiero advertiros de que nos están mirando. *(D.ª* MARCELA *mira hacia la izquierda.)* No es el centinela, señora. Es la infanta doña María Teresa.

D.ª MARCELA.—Ah... *(Compone su fisonomía.)* Se dice que frecuenta vuestro obrador. ¿La retratáis?

VELÁZQUEZ.—Aún no. *(Reverencia.)* A vuestros pies, doña Marcela.

D.ª MARCELA.—*(Sonríe y le devuelve la reverencia.)* Guardaos de una mujer despechada, don Diego.

(Sale por la izquierda. VELÁZQUEZ *se cala el sombrero y sale por la derecha. Ninguno de los dos mira al balcón, donde asoma ahora la infanta para verlos partir y de donde desaparece poco después. Entretanto*

D.ª JUANA *reaparece por el fondo seguida de* D. JOSÉ NIETO VELÁZQUEZ. *Es éste un hombre de cuarenta y cinco años largos, bajito y seco, de gran nariz y ojos huidizos, que sufre prematura calvicie atemperada por un mechón central. Viene vestido de negro de pies a cabeza, con golilla y capa, tal como lo vemos en el cuadro de* Las Meninas.*)*

D.ª JUANA.—Aquí estaremos más tranquilos.

[NIETO.—Es una bendición de Dios cómo se crían vuestros nietecicos.

D.ª JUANA.—¿Por qué no os casasteis, primo? Habríais sido buen esposo.

NIETO.—Eran otras mis inclinaciones...

D.ª JUANA.—¿Y por qué no las seguisteis?

NIETO.—Azares... Pero Dios Nuestro Señor sabe que no las olvido. ¡Que Él me ilumine siempre para encontrar sus caminos!

D.ª JUANA.—*(Se santigua.)* Amén.]

NIETO.—[No quiero entreteneros...] Es con mi señor don Diego con quien debiera hablar; mas vos me escucháis siempre con más bondad que él...

D.ª JUANA.—Es que él siempre está pensando en sus obras. Pero os quiere bien... ¿Es cosa grave?

(Se sienta e indica la silla al visitante.)

NIETO.—No creo... Aunque no conviene descuidarse. Los pintores de su majestad andan murmurando. No me sorprendería que intentasen indisponer a don Diego con el rey.

D.ª JUANA.—Siempre le digo a mi esposo que sois nuestro mejor amigo.

NIETO.—Lo intento humildemente.

(Se sienta a su lado.)

D.ª JUANA.—*(Con repentino desgarro en la voz.)* ¡Ayudadle cuanto podáis, primo! Lo ha menester.

NIETO.—¿Lo decís por algo determinado?

D.ª JUANA.—No, no...

NIETO.—Por vuestro tono, me pareció...

(D.ª JUANA deniega con una triste sonrisa y se levanta, turbada. Él va a hacerlo también.)

D.ª JUANA.—Permaneced sentado... *(Pasea.)* No me sucede nada... Ea, contadme novedades... ¿Qué se sabe de Balchín del Hoyo?

NIETO.—El señor canónigo Barrionuevo me decía ayer después de la novena que han descubierto un castillo enterrado y han llegado a unas puertas de hierro tras las que podría estar el tesoro. [13]

D.ª JUANA.—¿Y cómo se sabe que hay un tesoro?

NIETO.—*(Alegre.)* Un labrador soñó con él durante quince días y señaló el lugar. *(Triste.)* Pero al tiempo to-

---

[13] Jerónimo de Barrionuevo da noticias, a partir del 19 de julio de 1656, del supuesto tesoro. La información de Nieto a doña Juana procede de ese día en el que el cronista áureo concluye con un ruego: «Plegue a Dios que no sea algún embuste de los que suele el demonio hacer para engañar a los hombres». La frase equivalente que el dramaturgo pone en boca de su personaje («Satanás sabe que España es predilecta de Nuestra Señora y urde cuanto puede contra nosotros») traslada la situación histórica del siglo XVII a la de la España franquista, que tanto favoreció la devoción mariana. Las noticias sobre el tesoro se van sucediendo a lo largo del año y el «periodista» (así lo llama A. Paz y Melia en su prólogo a la edición —*Avisos*, I, cit., pág. 3—: «Considero a Barrionuevo como el mejor periodista del siglo XVII») suele terminarlas con frecuencia con el deseo de que remedien la pobreza del país. El 6 de septiembre, después de dar cuenta de nuevos descubrimientos en Balchín, indica: «El oro es el que hemos menester, que piedras no es moneda que corre».

caron las campanas de Velilla a muchas leguas de distancia. Por eso no conviene confiarse. Satanás sabe que España es predilecta de Nuestra Señora y urde cuanto puede contra nosotros...

D.ª JUANA.—¡Que Nuestro Señor nos libre siempre de su poder! *(Se santigua.)*

NIETO.—Cierto que necesitamos de toda su gracia para no caer en las tretas del enemigo... *(D.ª JUANA vuelve a sentarse.)* Él sabe siempre el modo de atacar. Un pensamiento soberbio, la codicia de los bienes ajenos, una mujer lozana...

D.ª JUANA.—*(Se sobresalta.)* ¿Una mujer?

NIETO.—Sabéis bien que es uno de sus más viejos ardides. Y más funesto de lo que se piensa, porque por veces la tal mujer no es sino el diablo mismo, que toma su apariencia para embrujar al hombre y destruir su hogar.

D.ª JUANA.—¿Y... cómo se sabe si es el diablo o una simple mujer?

NIETO.—Hay procedimientos, exorcismos... Se aplican según los indicios. [14]

D.ª JUANA.—Sí, claro.

(Una pausa. De improviso, rompe a llorar.)

NIETO.—¡Señora!

(D.ª JUANA trata de enjugar sus lágrimas. NIETO se levanta.)

---

[14] Uno de los tratados sobre hechicería más difundidos por Europa desde 1586 fue el *Malleus Maleficarum,* escrito por Henry Institoris (Kraemer) y Jacques Spenger. Fue tenido por los inquisidores como libro de consulta obligado para reconocer al maléfico y a sus seguidores. Su influencia se extendió hasta bien entrado el siglo XVII. En su parte tercera indican los autores cómo descubrir a las brujas y cómo obtener confesiones mediante tormento.

D.ª JUANA.—Dispensadme. No me encuentro bien.

NIETO.—Ya no dudo de que algo os sucede... Sabéis que podéis confiar en mí.

D.ª JUANA.—Lo sé, pero...

NIETO.—¿Qué os detiene? Os consta que estoy lleno de buena voluntad hacia vos...

D.ª JUANA.—*(Después de un momento, sin mirarle.)* Juradme que a nadie diréis lo que os voy a confiar.

NIETO.—¿Tan grave es?

D.ª JUANA.—*(Asiente.)* Jurádmelo.

NIETO.—En todo lo que no vaya contra mi conciencia, juro callar.

D.ª JUANA.—Ni sé cómo empezar...

NIETO.—¿Es cosa que atañe a don Diego? *(D.ª JUANA asiente.)* ¿Y a vos? *(Ella vuelve a asentir.)* ¿Acaso... una mujer?

D.ª JUANA.—*(Se levanta.)* ¿Sabéis vos algo? ¿Alguna dama de Palacio?

NIETO.—No creo...

D.ª JUANA.—¡Entonces es la que viene aquí!

NIETO.—¿Qué decís?

D.ª JUANA.—Él me ha prometido que no vuelve. Pero hace años que no le importo nada, lo sé... Se encerraban ahí arriba. Él dice que a pintar solamente...

NIETO.—¿Una mujer... de la calle?

D.ª JUANA.—Sí.

> *(Por la izquierda entran* MARTÍN *y* PEDRO, *que van a sentarse a los peldaños.* MARTÍN *saca del zurrón un mendrugo de pan, lo parte y le da a* PEDRO. *Comen.)*

[NIETO.—¿Y teméis... alguna influencia diabólica?

D.ª JUANA.—No sé lo que temo.]

NIETO.—[En principio no debéis pensar eso... Mas también cuesta creer que os haya ofendido en vuestra propia casa.] ¿Podría ver yo esa pintura?

D.ª JUANA.—¡No! No... puedo enseñárosla. Está cerrado.

NIETO.—¿Cerrado? ¿La habéis visto vos?

D.ª JUANA.—¡No puedo enseñarla! ¡Me lo ha prohibido! *(Se derrumba en el sillón con un gemido.* NIETO *titubea. Se enfrenta con ella y le toma una mano.)*

NIETO.—Mal podré ayudaros si no veo la pintura...

D.ª JUANA.—No debo desobedecerle... No debo traicionarle.

NIETO.—Describídmela.

D.ª JUANA.—*(Después de un momento, con tremendo pudor y repugnancia.)* No me atrevo.

> *(Un silencio.* NIETO *frunce las cejas: sospecha la verdad. Se incorpora y va al fondo.)*

NIETO.—Pensaré en el caso, señora. Permitid que me retire. Dios os guarde.

> *(Va a salir.)*

D.ª JUANA.—*(Asustada ante tan repentino abandono.)* No os vayáis... (NIETO *aguarda. En medio de una gran lucha interior,* D.ª JUANA *se levanta y va a la izquierda. Con la mano en el pomo de la puerta dice sin mirarle.)* Subid conmigo.

NIETO.—*(Se acerca.)* Yo os fío que no os arrepentiréis.

D.ª JUANA.—¡Habéis prometido ayudarle!

NIETO.—Y lo mantengo.

> *(D.ª JUANA *abre la puerta y sale por ella seguida de* NIETO.)*

MARTÍN.—¡Vete de aquí, perro! Tiene malas pulgas y te las va a pegar.

PEDRO.—¡No ha pasado ningún perro!

MARTÍN.—¿Lo ven, damas y soldados? Loco y burri-
ciego. (PEDRO *se va a levantar.* MARTÍN *lo detiene y le
habla con afecto.*) ¿Te has comido ya el pan?

PEDRO.—No.

MARTÍN.—En el zurrón no queda nada. Puedes regis-
trarlo.

PEDRO.—No es menester. [Ven todos los días cuando
toquen en San Juan a misa mayor. Y por la tarde, al ánge-
lus. Acaso pueda darte algo.]

MARTÍN.—¿No quieres que te aguarde?

PEDRO.—(*Se levanta.*) No. Llévame.

(MARTÍN *se levanta y lo lleva al portal.*)

MARTÍN.—Piénsalo. Estás a tiempo...

PEDRO.—(*Lo abraza.*) Buena suerte, Martín.

MARTÍN.—Buena suerte.

(PEDRO *entra en el portal.* MARTÍN *lo mira
marchar y luego, suspirando, sale por la izquierda. Tras el balcón de la izquierda aparece* D.ª JUANA, *que se hace a un lado para
dejar pasar a* NIETO. *Éste se detiene, mirando al cuadro invisible.*)

NIETO.—¡Dios santo!

(*Desaparece para acercarse al cuadro.*
D.ª JUANA, *atribulada, lo sigue y desaparece asimismo. Al tiempo, la luz general decrece y aumenta en la zona central, donde
desaparecen las cortinas para mostrarnos
el obrador del cuarto del príncipe. A la derecha del fondo, la puerta abierta.* PAREJA
*abre las maderas del último balcón y luego
viene al primer término y abre las del se-*

*gundo. El aposento se llena de luz. Entre-
tanto el maestro* ANGELO NARDI [15] *entra
por la puerta entornada de la izquierda y
mira a* PAREJA. *Es un anciano de setenta y
dos años, calvo y de perilla plateada, que
causa extraña impresión por sus galas juve-
niles, de brillantes y desusados colores y
bordados. Tal vez se advierte en sus palabras, muy atemperado, un resto de su natal
acento florentino.)*

NARDI.—¿Os estorbo?

PAREJA.—De ningún modo, maestro Nardi.

NARDI.—Como estaba abierto, vine a estirar un poco
las piernas. ¡Je! Aquello es más chico.

PAREJA.—*(Mientras va al bufete y empieza a elegir
pinceles.)* Vuesa merced me manda, maestro.

> *(*NARDI *se dirige al caballete.* PAREJA *no lo
> pierde de vista.)*

NARDI.—¿Habéis visto ya el San Jerónimo que pinto
para Alcalá?

PAREJA.—Aún no tuve ocasión...

NARDI.—Me importa vuestra opinión, porque soy viejo.
Yo creo que se debe aprender de los pintores mozos...
[Ayer se lo decía a Francisco de Herrera, el Mozo, [16] que ha

---

[15] Angelo Nardi nació en Razzo (1584), estudió en Florencia y a
comienzos del siglo XVII se trasladó a España. En Madrid desarrolló
toda su actividad artística y llegó a ser pintor de cámara del rey Felipe IV. Murió en 1664.

[16] Francisco de Herrera *el Mozo* fue hijo del pintor y grabador Francisco de Herrera *el Viejo,* con quien Velázquez comenzó sus estudios
de pintura en Sevilla; de él comenta Palomino *(Museo Pictórico,* cit.,
pág. 892) que era «hombre rígido y de poca piedad, mas en la Pintura y
otras artes, de consumado gusto». Luis Iglesias Feijoo indica que «el

heredado las grandísimas dotes de su padre y que me honró con un elogio muy encendido de mi San Jerónimo...]

PAREJA.—Yo no soy más que un aprendiz, maestro.

NARDI.—¿Cómo? Yo os digo que pintáis muy bien, hijo mío... Y si mi venerado amigo y maestro Carducho [17] viviera, os diría lo mismo. ¡Ah, qué grandísimo y docto pintor perdió en él su majestad! Ninguno de nosotros puede comparársele.

(Mira el boceto.)

PAREJA.—¿Me permite vuesa merced?

(Va a poner ante el lienzo un asiento de tijera.)

NARDI.—*(Retrocede aprisa.)* Claro, hijo mío. *(PAREJA dispone otro asiento al lado, donde coloca la paleta con los pinceles y el tiento, además de un paño. NARDI señala al lienzo.)* Extraño capricho, ¿eh?

PAREJA.—Así es, maestro.

NARDI.—Nadie pensaría en trasladar cosa tan trivial a un tamaño tran grande. *(Señala al gran bastidor que descansa contra la pared.)* Pero él... lo ha pensado. Habrá que aceptársele, como se le aceptan otras cosas... ¡Es tan bondadoso!

PAREJA.—El mejor hombre del mundo, maestro.

NARDI.—Sí que lo es. Los envidiosos dicen que su bondad no es más que falsía, pero nosotros conocemos su

---

único punto de la obra en contradicción clara con lo que históricamente sabemos es un detalle menor, el situar en Madrid a Herrera *el Mozo* en 1656» *(La trayectoria dramática de Antonio Buero Vallejo,* Santiago de Compostela, Universidad, 1982, pág. 275) .

[17] Vicente Carducho, autor de *Diálogos de la pintura* (1633), sucedió a su hermano Bartolomé en el puesto de pintor de cámara, y hasta la llegada de Velázquez fue la personalidad más relevante de la escuela madrileña.

gran corazón y todo se lo toleramos. ¿Que quiere quedarse solo en esta galería? Pues los pintores nos vamos al aposento contiguo muy satisfechos de darle ese gusto...

PAREJA.—Esto me recuerda que debo cerrar ya... Vuesa merced sabrá dispensarme... (NARDI *decide no oír y da unos paseítos para husmear en el bufete de los colores.*)

[NARDI.—Mucho debe de hacerse querer don Diego cuando no le tenéis en cuenta los años enteros en que habéis aprendido a escondidas para que él no se enfureciera... Eso prueba lo bueno que es.

PAREJA.—(*Impaciente.*) Así es, maestro.] Cerraré entretanto las otras puertas.

> (*Va al fondo para echar la llave a la puerta de la derecha.*)

NARDI.—Hacedlo, hijo. Yo me retiro ya.

> (*Cuando* PAREJA *va a cerrar, aparece en la puerta* EL MARQUÉS. *Es un caballero cincuentón, con los cabellos cortos a la moda del reinado anterior y grandes mostachos. Lleva al cinto la llave dorada de gentilhombre y al pecho la espadilla de Santiago. Su gesto es arrogante; su voz, la de un hombre con mando.*)

PAREJA.—(*Se inclina.*) Beso a vuecelencia las manos.

EL MARQUÉS.—¿Otra vez vais a cerrar?

PAREJA.—Si vuecelencia no dispone otra cosa...

EL MARQUÉS.—¿Vais a impedir el paso al mayordomo mayor de su majestad? ¿Se os ha subido la libertad a la cabeza?

PAREJA.—(*Se aparta.*) Pido perdón a vuecelencia.

EL MARQUÉS.—Retiraos. (PAREJA *vacila.*) ¡Sin cerrar! (PAREJA *se inclina y sale.* EL MARQUÉS *avanza.*) Tan soberbio como su señor. Dios os guarde, maestro. *(NARDI se inclina.)* ¿Habéis burlado la contraseña?

NARDI.—*(Cerrando prudentemente la puerta de la izquierda.)* Cierran lo menos que pueden, señor marqués.

EL MARQUÉS.—Pero cierran. Por lo visto ya nadie manda en los aposentos sino el señor aposentador mayor. *(NARDI se acerca.)* Todavía no sabe quién soy yo, y por Dios que lo va a aprender.

NARDI.—*(Con sigilo.)* ¿Antes o después de que pinte el cuadro?

EL MARQUÉS.—Aún no lo sé, maestro. Hay que esperar la ocasión de hablar al rey.

NARDI.—Preguntaba porque, con todo respeto, no sé si vuecelencia se ha percatado de lo que don Diego quiere pintar.

EL MARQUÉS.—*(Ante el caballete.)* ¿Esto?

NARDI.—Entiendo yo en mi pobre criterio que esa pintura va a ser espantosamente escandalosa. Y, en bien del propio Velázquez..., sería mejor, tal vez, que no se llegara a pintar.

[EL MARQUÉS.—¿Sabéis que el rey vendrá esta tarde a dar su aprobación?

NARDI.—Entonces la cosa apremia.]

EL MARQUÉS.—Aclarad eso.

NARDI.—No ahora, excelencia... Es para hablar despacio.

> *(Le indica que son observados. En efecto,* VELÁZQUEZ *ha aparecido en la puerta del fondo y se detiene. Deja su sombrero, su capa y su espada sobre la consola, avanza y llega junto a ellos.* PAREJA *aparece a su vez en el fondo y se desliza en el aposento.)*

VELÁZQUEZ.—*(Se inclina.)* Dios guarde a vuesas mercedes.

(Dos breves inclinaciones le responden.)

Nardi.—Guárdeos Dios, señor aposentador.

Velázquez.—¿Podrá vuecelencia concederme su atención ahora?

El Marqués.—Estoy de prisa.

Velázquez.—El caso la requiere también. Los barrenderos de Palacio están descontentos. He procurado convencerlos, mas no lo consigo.

El Marqués.—Convencerlos, ¿de qué?

Velázquez.—De que barran.

El Marqués.—¿Cómo?

Velázquez.—La Galería del Cierzo aún no se ha barrido a estas horas.

El Marqués.—¿Esos galopines son o no son barrenderos?

Velázquez.—Lo son, excelencia.

El Marqués.—¡Pues que barran!

Velázquez.—Se les debe el salario de tres meses. Y hace cinco días que no se les da ración.

(El dominico aparece en la puerta del fondo y se detiene, mirándolos.)

El Marqués.—¿Y qué?

Velázquez.—Es natural que vuecelencia no comprenda la extrema necesidad en que se hallan, dadas las crecientes riquezas de vuecelencia.

El Marqués.—*(Se adelanta, rojo.)* ¿A qué os referís?

Velázquez.—*(Tranquilo.)* A las crecientes riquezas de vuecelencia.

Nardi.—*(Repara en el dominico.)* Excúsenme vuesas mercedes. *(Cruza rápidamente entre ellos y va al fondo.)* Vuestra reverencia puede pasar por aquí; está abierto. *(El dominico avanza sonriente.)* Espero que mi San Jerónimo sea de su agrado. *(Van al primer término. Todos se han

*inclinado y el fraile les dispensa, sin detenerse, leves ben-
diciones.)* Pasad, padre, pasad. *(Le sostiene la puerta. El
dominico sale por la izquierda.)* Bésoos las manos, señores míos.

> (EL MARQUÉS *se inclina y* NARDI *sale a su
> vez, cerrando.)*

VELÁZQUEZ.—¿Qué decide vuecelencia?

EL MARQUÉS.—Aprended, don Diego, que tal descontento no puede existir en Palacio; luego no existe.

VELÁZQUEZ.—*(Tranquilo.)* Pero existe.

EL MARQUÉS.—Esos bergantes barrerán en cuanto vos
ejerzáis la autoridad que parece faltaros. ¡Resolved vos!

> *(Va a irse.)*

VELÁZQUEZ.—Ya está resuelto, señor marqués.

EL MARQUÉS.—¿Os burláis?

VELÁZQUEZ.—¡No! Mas no hay que apurarse. Esos
mozos figuran como barrenderos en la nómina de Palacio. Luego barren.

EL MARQUÉS.—¡Voto a Dios, señor aposentador, que
yo os enseñaré a hablar como debéis a un noble que lleva
en su pecho la cruz de Santiago!

VELÁZQUEZ.—*(Herido, mira su jubón, donde no hay
cruz alguna.)* Sólo puedo responder una cosa: hay pechos
que se honran llevando esa cruz y pechos que la honran si
la llevan.

> (EL MARQUÉS *da un paso hacia él con
> torva mirada, pero* VELÁZQUEZ *se la
> aguanta. Bruscamente* EL MARQUÉS *le
> vuelve la espalda y se encamina al fondo.
> A los pocos pasos se detiene y se vuelve.)*

EL MARQUÉS.—Su majestad ordena que le esperéis aquí durante la tarde. Vendrá a ver vuestro bosquejo.

(Sale por el fondo sin dignarse responder a la apresurada reverencia de PAREJA. VE-LÁZQUEZ *suspira y, de cara al proscenio, se oprime las manos.)*

PAREJA.—*(Se acerca.)* La paleta está dispuesta, maestro.

VELÁZQUEZ.—Hay días en que me admiro de lo necio que puedo llegar a ser.

(Separa sus manos y va al caballete, pensativo.)

PAREJA.—¿Cierro?

VELÁZQUEZ.—Pero no eches la llave. *(PAREJA va al fondo y cierra la puerta.)* El cuadro grande no puede ser tan duro. Quizá al rey no le plazca este borrón... Da grima verlo. ¡Oh! *(Con un suspiro de disgusto se sienta, empuña la paleta y ataca con decisión el lienzo.* PAREJA *va a abrir maderas.)* ¿Estuviste en el mentidero de San Felipe?[18] *(PAREJA se vuelve, sorprendido.)* Cuéntame.

PAREJA.—Maestro... ¡Si nunca queréis que os cuente!

VELÁZQUEZ.—Porque siempre estamos en peligro y es preferible no llegar a saberlo... Salvo algunas veces. Como ésta. Ahora peligra este cuadro y eso sí me importa. Cuenta y no te calles lo peor.

PAREJA.—*(Carraspea.)* Herrera el Mozo apostaba diez ducados a los demás pintores a que el rey os prohibiría

---

[18] El mentidero era un lugar de reunión donde los ociosos confluían para conversar; allí se comentaban novedades y se confabulaba. Era muy famoso el de las gradas de San Felipe el Real, iglesia que estaba situada en la Puerta del Sol, entre la calle Mayor y lo que hoy es calle del Correo.

pintarlo. *(*VELÁZQUEZ *lo mira.)* [Lo describió muy bien, para no haberlo visto. Y dijo... que era el disparate mayor que la soberbia humana podía concebir.] Se reían a gusto...

VELÁZQUEZ.—Todo viene del viejo Nardi y de ese avispero. *(Señala la puerta de la izquierda.)* [Los más mozos se unen a los más viejos contra mí. He de tener cuidado.] Sigue.

(Pinta.)

PAREJA.—Me vieron, y Herrera dijo que si alguien os venía a decir lo soberbio que erais para lo mal que pintabais, haría un favor a vuestra alma.

VELÁZQUEZ.—¡Qué pena de muchacho! Como si tuviera noventa años: dice lo mismo que el viejo Carducho.

PAREJA.—Alguien terció para afirmar que yo no diría nada, dado lo mal que me habíais tratado hasta que el rey me libertó. [Me compadecieron por sufrir amo tan duro] y me dieron la razón por seguir a vuestro lado. Así podría medrar, decían.

VELÁZQUEZ.—Vamos, que te ofendieron con la mayor piedad. ¿Cómo contaron la historia?

PAREJA.—Como todos. Que aprendí a escondidas durante años, porque vos nunca consentiríais que un esclavo pintase, que dejé un lienzo mío para que su majestad lo volviese y que su majestad os forzó a libertarme después de verlo.

(Ríen los dos.)

VELÁZQUEZ.—*(Riendo.)* Creo que la gente seguirá diciendo esa necedad aunque pasen siglos. Es muy claro que no habrías podido aprender tanto viviendo toda tu vida en mi casa sin que yo lo supiera; pero con tal de achacarte alguna mezquindad, los hombres creerán a gusto la mayor sandez.

PAREJA.—*(Baja la voz.)* Hasta su majestad lo creyó, señor.

VELÁZQUEZ.—*(Baja la voz.)* La argucia salió bien. Juan, hijo mío: un hombre no debe ser esclavo de otro hombre.

PAREJA.—Nunca me tratasteis como tal, señor.

VELÁZQUEZ.—Porque así lo creía desde que te recibí de mi suegro. Pero si te liberto yo, el marqués y todos los que se le parecen no me lo habrían perdonado. ¿Dijeron algo más?

PAREJA.—Yo no podía defenderos bien... Ellos eran hidalgos y cristianos viejos, y yo no. De modo que resolví alejarme...

(VELÁZQUEZ *se levanta para comprobar algo, de espaldas en el primer término.*)

VELÁZQUEZ.—Juan, creo que voy a poder pintar ese cuadro.

PAREJA.—No lo dudéis, señor.

VELÁZQUEZ.—Si el rey da su venia, claro. Toma la paleta.

(PAREJA *se la recoge con los pinceles y la deja en la silla.*)

PAREJA.—No sé si deciros, señor...

VELÁZQUEZ.—¿Aún queda algo?

[PAREJA.—No ha sido en San Felipe, sino en vuestra casa.

VELÁZQUEZ.—*(Lo mira fijamente.)* Dime.]

PAREJA.—*(Sin mirarlo.)* Doña Juana me preguntó ayer si había alguna mujer que... os agradase. Y si hubo alguna otra mujer... en Italia. Yo dije que no.

(*Un silencio.*)

VELÁZQUEZ.—Está bien, Juan. Recoge todo. *(*PAREJA *lo hace. La puerta de la derecha del fondo se abre y entra la infanta* MARÍA TERESA, *que cierra en seguida.* VELÁZQUEZ *y* PAREJA *se inclinan profundamente.)* Alteza.

MARÍA TERESA.—*(Sonríe, con un dedo en los labios.)* ¡Chist! Me he vuelto a escapar de la etiqueta.

(Avanza.)

VELÁZQUEZ.—Vuestra alteza es muy bondadosa prefiriendo platicar con un pobre pintor.

(Mira a PAREJA, *que se inclina en silencio y va a salir por el fondo. La infanta, ante el caballete, mira a* VELÁZQUEZ *con sorna.)*

MARÍA TERESA.—Sois muy modesto. No salgáis, Pareja. ¿Cuándo empezáis el cuadro grande, don Diego?

VELÁZQUEZ.—Cuando su majestad dé su venia.

[MARÍA TERESA.—¿Sabéis que ya se habla mucho de él?

VELÁZQUEZ.—Lo presumía, alteza.]

MARÍA TERESA.—*(Señala el boceto.)* ¿Decíais que ésta seré yo?

VELÁZQUEZ.—Su majestad indicó que, de pintarse el cuadro, vuestra alteza debiera figurar en lugar de doña Isabel de Velasco.

MARÍA TERESA.—¿Y lo haréis?

VELÁZQUEZ.—Si a vuestra alteza le place...

MARÍA TERESA.—*(Va al primer balcón. Un silencio.)* Me place. Decidme, Pareja: ¿cómo habéis logrado pintar durante años sin que don Diego lo supiese? *(Los dos hombres se miran alarmados a sus espaldas. Ella se vuelve.)* Lo juzgo imposible...

PAREJA.—Yo... le quitaba horas al sueño, alteza.

MARÍA TERESA.—*(Los mira a los dos.)* Ya. *(Va al caballete y toma la paleta y los pinceles. Ríe.)* ¿Me dejáis?

VELÁZQUEZ.—Por supuesto, alteza.

MARÍA TERESA.—*(Da una pincelada.)* [¿Se hace así?

VELÁZQUEZ.—Puede hacerse así.]

MARÍA TERESA.—Ahora sí me haréis la merced de dejarnos, Pareja. *(*PAREJA *se inclina y sale por el fondo, cerrando.* MARÍA TERESA *mira a* VELÁZQUEZ *y deja la paleta.)* ¿Sois vos mi amigo, don Diego?

VELÁZQUEZ.—Soy vuestro más leal servidor.

MARÍA TERESA.—*(Seca.)* Dejaos de cumplidos. Estamos solos.

(Pasea.)

VELÁZQUEZ.—Aun así, yo no puedo...

MARÍA TERESA.—Ya lo creo que podéis. ¿O no os acordáis?

VELÁZQUEZ.—¿Acordarme?

MARÍA TERESA.—Yo sí me acuerdo. Creo que tendría unos seis años. ¿Lo recordáis vos?

VELÁZQUEZ.—*(Asombrado.)* Alteza...

MARÍA TERESA.—Me dejaron un momento sola con vos. Y me tomasteis en brazos.

VELÁZQUEZ.—*(Confundido.)* Nunca pensé que pudierais recordarlo.

MARÍA TERESA.—*(Sin perderlo de vista.)* Cometisteis con una persona real la más grave falta. Sabéis que no se nos puede ni tocar... He pensado a veces si no lo haríais como una protesta de hombre que no se tiene por inferior de nadie.

VELÁZQUEZ.—Lo hice porque amo a los niños.

MARÍA TERESA.—*(Con dulzura.)* Olvidad también ahora quién soy: sigo siendo una niña que no sabe de nada. A los niños se les miente siempre en Palacio. Pero yo quiero saber. ¡Yo quiero saber! Y recurro a vos.

VELÁZQUEZ.—Vuestra alteza me ha honrado a menudo con sus preguntas...

MARÍA TERESA.—Hoy le haré otra a mi amigo de entonces. Porque sé que es el hombre más discreto de Palacio. Y estoy por decir que el más bueno también. Pareja podría jurarlo.

VELÁZQUEZ.—Vuestra penetración, alteza, sorprende en vuestra edad.

MARÍA TERESA.—*(Suspira.)* No soy muy feliz con ella, creedme. ¿Contestaríais sin mentir a lo que os pregunte?

VELÁZQUEZ.—*(Titubea.)* Ignoro si podré hacerlo...

MARÍA TERESA.—*(Agitada.)* ¡Sin mentir, don Diego! ¡Ya hay bastantes mentiras en la Corte!... Tratad de comprenderme.

VELÁZQUEZ.—*(Turbado.)* Creo comprender... Responderé sin mentir.

MARÍA TERESA.—Sabéis que ando sola a menudo por Palacio. Mi padre me riñe, pero algo me dice que debo hacerlo... [La verdad de la vida no puede estar en el protocolo... A veces, creo entreverla en la ternura sencilla de una lavandera, o en el aire cansado de un centinela... Sorprendo unas palabras que hablan de que el niño está con calentura o de que este año la cosecha vendrá buena, y se me abre un mundo... que no es el mío. Pero me ven, y callan.] Ayer... escuché a dos veteranos de la guardia. Yo ya sospechaba algo, mas no sé si serán infundios que corren... Vos no me engañaréis.

VELÁZQUEZ.—Decid.

MARÍA TERESA.—*(Turbada.)* ¿Es cierto que mi padre ha tenido más de treinta hijos naturales? [19]

---

[19]   Era fama que el rey, indolente por naturaleza, no se animaba más que con espectáculos o fiestas bulliciosas y que una sensualidad enfermiza lo llevó a protagonizar incontables aventuras amorosas de las que dio al mundo gran número de bastardos. Son conocidos sus amores con algunas mujeres célebres, como los mantenidos con la joven actriz llamada La Calderona; esa relación dio como fruto a don Juan José de Aus-

VELÁZQUEZ.—Todo esto puede ser muy peligroso...
para los dos.
[MARÍA TERESA.—Yo soy valiente. ¿Y vos?
VELÁZQUEZ.—No siempre.]

*(Recoge la paleta y el tiento y va a dejarlos
al bufete.)*

MARÍA TERESA.—*(Con ansiedad.)* ¿Os negáis a responder?
VELÁZQUEZ.—*(Se vuelve.)* [¿Cómo hablarle de estas
cosas a una niña?
MARÍA TERESA.—Voy a ser la reina de Francia. [20]
VELÁZQUEZ.—] Tenéis dieciocho años. Yo, cincuenta
y siete. Si se supiese que os decía la verdad, nadie com-
prendería... [La verdad es una carga terrible: cuesta quedarse solo. Y en la Corte, nadie, ¿lo oís?, nadie pregunta
para que le digan la verdad.]
MARÍA TERESA.—Yo quiero la verdad.
VELÁZQUEZ.—[Quizá elegís lo peor.] Vuestro linaje no
os permitirá encontrarla casi nunca [aunque tengáis los
ojos abiertos. Os los volverán a cerrar...] Terminaréis por
adormeceros de nuevo, fatigada de buscar... Acaso entonces me maldigáis, si tenéis el valor de recordarme.
MARÍA TERESA.—¡Ayudadme, don Diego! ¡Me ahogo
en la Corte y sólo confío en vos! Mi padre siempre me dice:
id con vuestras meninas, id con la reina... Por veces pienso

---

tria. Sus debilidades se traslucen en la correspondencia sostenida con
su confidente y consejera sor María Jesús de Ágreda. Hasta un historiador como Modesto Lafuente Ferrari habla de los «galanteos y las aventuras amorosas del rey» (*Historia General de España,* 11, capítulo IV,
págs. 256-273, Barcelona, Montaner y Simón, 1888).
[20]   En 1660 se lleva a cabo el compromiso matrimonial entre la infanta María Teresa y el rey Luis XIV. Velázquez es el encargado de or-
ganizar el acontecimiento, asiste a la fiesta y muere pocas semanas
después.

si estoy enferma... Soy tan moza o más que ellas y me parecen niñas... Y mi padre... un niño también. Sólo vos me parecéis... un hombre. ¿No me hablaréis con verdad?

VELÁZQUEZ.—*(Después de un momento.)* Lo que me preguntáis es cierto.

> *(La infanta respira hondamente. Luego se sienta en un sillón. Un silencio.)*

MARÍA TERESA.—¿No es posible la fidelidad?

VELÁZQUEZ.—Pocas veces.

MARÍA TERESA.—¿Tan despreciable es el hombre?

VELÁZQUEZ.—Es... imperfecto.

MARÍA TERESA.—Vos sois fiel.

VELÁZQUEZ.—¿Eso creéis?

MARÍA TERESA.—Se sabe. Estoy segura.

VELÁZQUEZ.—*(Se acerca.)* Hay que aprender a perdonar flaquezas... Todos las tenemos.

MARÍA TERESA.—Sé que vivo en un mundo de pecadores. ¡Es la mentira lo que me cuesta perdonar! Cuando paso ante el retrato del rey Luis, suelo chancearme. «Saludo a mi prometido», digo, y mis damas ríen... Pero yo pienso: ¿Qué me espera? Dicen que es un gran monarca. Quizá sea otro saco repleto de engaños y de infidelidad. Acercaos más. También yo quiero romper la etiqueta, ahora que estamos solos. *(Le toma una mano.* VELÁZQUEZ *se estremece.)* Os doy las gracias. *(Retira su mano y habla muy quedo.)* Ojalá el rey Luis... se os parezca.

> *(Golpes en la puerta del fondo, que se repiten.)*

NICOLASILLO.—*(Voz de.)* Don Diego, ¿estáis ahí?

MARI BÁRBOLA.—*(Voz de.)* ¿Podemos entrar, don Diego?

VELÁZQUEZ.—Son los enanos.

MARÍA TERESA.—*(Que sufre.)* ¡Abrid! ¡Abrid!

(VELÁZQUEZ se encamina al fondo.)

NICOLASILLO.—*(Voz de.)* ¡Quieto, León! ¡Don Diego, mirad cómo me obedece! ¡Échate, León! ¡Yo te lo mando!

> *(VELÁZQUEZ abre. MARI BÁRBOLA le hace una reverencia y entra sobre el balanceo de sus pernezuelas. NICOLASILLO, en la puerta, sigue atento al perro invisible.* [21] *A la mitad de la galería, la enana se inclina ante la infanta.)*

VELÁZQUEZ.—¿No saludas a su alteza, Nicolasillo?

NICOLASILLO.—¿Eh? *(Ve a la infanta y entra, haciendo una gran reverencia, tras la que corre de nuevo a la puerta y dice.)* ¡León, vete! *(Un temible ladrido le contesta y él, asustado, se refugia en las piernas de VELÁZQUEZ. Desde allí repite.)* ¡Vete!... ¿Lo veis? Me obedece.

> *(Y avanza muy ufano. MARI BÁRBOLA es una enana de edad indefinida, rubia, de dis-*

---

[21]   Los reyes de la Casa de Austria mantuvieron la costumbre de alojar en su residencia a una gran cantidad de «sabandijas» u «hombres de placer» (bufones, enanos, monstruos y retrasados), entre los que se encontraban algunas mujeres. Se les consentían groserías y desmesuras y, a veces, eran los únicos que se atrevían a decir las verdades (sobre estos seres, su posición en la Corte y sus caracteres, puede verse Carl Justi, «Hombres de placer. Bufonería española», *Velázquez y su siglo*, Madrid, Espasa Calpe, 1953, págs. 697-730; en el mismo volumen véase también Juan Antonio Gaya Nuño, «Después de Justi», en el apartado «Los enanos y bufones», págs. 852-855). El teatro actual ha utilizado a estos personajes, en ocasiones, con valor simbólico de conciencia distanciadora.

*forme cabeza y hablar gangoso, donde tal
vez se rastrea un leve acento alemán.* NICO-
LASILLO PERTUSATO *nació en Italia, pero
habla como un español. Es enano, mas también es un niño: no cuenta más de catorce
años, ni aparenta más de doce. Son muy diferentes: ella padece lo que la medicina
llama hoy una acondroplasia, según denun-
cian los grandes huesos de su cara, sus dedos achatados y el andar renqueante de sus
piernas sin desarrollo. Su compañero pro-
pende al tipo mixedematoso y, por su corta
edad, se le confundiría, a veces, con un
niño. Sus miembros son finos y proporcio-
nados: su cabeza, graciosa y redonda, aunque en ella se perciba ya excesivo tamaño y
cierta indefinible desarmonía de rasgos.
Vienen lindamente vestidos, tal como los vemos en El Prado.* NICOLASILLO *continúa su
vanidosa perorata, mientras* VELÁZQUEZ *lo
toma por los hombros y lo conduce hacia la
infanta.)...*

... Y es que comprende que seré gentilhombre. ¿Verdad, señora Infanta?

*(La infanta, abstraída, le dedica una son-
risa ausente.)*

MARI BÁRBOLA.—No se debe interrogar a las infantas,
Nicolasillo.

NICOLASILLO.—*(Irritado.)* ¡A mí se me permite! *(Corre al caballete.)* ¿Cuándo nos pintáis?

MARI BÁRBOLA.—No se deben hacer tantas preguntas.
No está bien en criados.

NICOLASILLO.—¡Somos más que criados! Don Diego

nos va a pintar junto a la señora infanta Margarita porque somos muy importantes. *(Ríe.)* Mira, Mari Bárbola: ¡mira qué fea te ha pintado! Igual que eres.

VELÁZQUEZ.—¡Nicolasillo!

(La infanta atiende.)

MARI BÁRBOLA.—No importa. Estoy acostumbrada.

(Pero se muerde los labios y se retira hacia los balcones.)

VELÁZQUEZ.—Pide perdón a Mari Bárbola.

NICOLASILLO.—No quiero.

VELÁZQUEZ.—Entonces te diré una cosa: también voy a pintar al perro y es menos que un criado.

NICOLASILLO.—*(Después de pensarlo.)* ¡Malo! ¡Los dos malos!

(Corre hacia el fondo.)

VELÁZQUEZ.—Ven aquí.

NICOLASILLO.—¡No quiero! Y cuando crezca, el rey os obligará a que me pintéis de gentilhombre, con unos bigotes muy grandes. *(Vuelve hacia él, indignado.)* Y además el perro se llama León, ¡y a mí me llamarán Sansón, porque me obedece!

VELÁZQUEZ.—*(Sonríe.)* ¿Eso más? ¿Pues no te llaman ya Vista de Lince?

NICOLASILLO.—¡Porque la tengo! Mejor que la vuestra, señor pintor. ¿Qué veis en el larguero de aquella puerta?

VELÁZQUEZ.—Colores.

NICOLASILLO.—¡Bah! Colores. Hay una mosca.

VELÁZQUEZ.—*(Sonríe.)* Te nombraremos entonces pintor de moscas.

*(MARI BÁRBOLA ríe. NICOLASILLO la mira
iracundo y se vuelve a VELÁZQUEZ.)*

NICOLASILLO.—No queréis reconocer que tenéis can-
sados los ojos. Por eso sois un pintor de nubecitas.
VELÁZQUEZ.—¿Quién dice eso?
NICOLASILLO.—Yo no lo sé. Lo he oído.

*(Pero mira a la puerta de la izquierda y VE-
LÁZQUEZ lo advierte. La infanta se levanta.
NICOLASILLO corre a enredar en el bufete
de los colores, y MARI BÁRBOLA se le reúne
para amonestarle en voz baja.)*

MARÍA TERESA.—¿Y esto, don Diego? Hay más de
cincuenta como ellos en Palacio.
VELÁZQUEZ.—*(Suave.)* Les dejan ganar su vida...
MARÍA TERESA.—Mas no por caridad. ¿Verdad? *(Un
silencio.)* ¿Verdad?
VELÁZQUEZ.—¿La verdad otra vez?
MARÍA TERESA.—Siempre.
VELÁZQUEZ.—No creo que sea por caridad.

*(MARI BÁRBOLA ha oído. Los mira, tur-
bada.)*

MARÍA TERESA.—Gracias, don Diego. Perdonad mis
caprichos...
VELÁZQUEZ.—Perdonadme vos mi tristeza.

*(La infanta se encamina al fondo. VELÁZ-
QUEZ y los enanos le hacen la reverencia.
Sale.)*

NICOLASILLO.—*(Intrigado, vuelve junto a don Diego.)*
¿De qué hablabais?

MARI BÁRBOLA.—¡Nicolasillo!

VELÁZQUEZ.—*(Le pone con afecto una mano en la cabeza.)* De ti. De que eres un niño y como un niño te pintaré.

NICOLASILLO.—¿Verdad que sí?

VELÁZQUEZ.—Sí. Para que cuando seas gentilhombre y yo haya muerto ya, digas: [don Diego me pintó muy lindamente.] Yo era entonces un niño muy hermoso.

> *(MARI BÁRBOLA se aparta hacia el balcón, afectada.)*

NICOLASILLO.—También me podéis pintar escuchando. Yo sé escuchar de lejos. Ahora mismo viene alguien por aquella puerta. *(Señala a la derecha del fondo. PAREJA entra.)* ¿Lo veis?

> *(Y salta de alegría.)*

PAREJA.—Perdonad, señor. Doña Juana reclamaba vuestra presencia.

VELÁZQUEZ.—¿Qué sucede?

PAREJA.—Está muy asustada con un mendigo que os busca y que no quiere irse. Le he dicho que esperabais a su majestad y que tardaríais.

VELÁZQUEZ.—¿No han socorrido a ese mendigo?

PAREJA.—Sí, pero se ha desmayado. *(Sonríe.)* Yo diría que es un antiguo conocido, señor.

VELÁZQUEZ.—¿Quién?

PAREJA.—Aquel truhán que os sirvió de modelo para el *Esopo.*

VELÁZQUEZ.—*(Grita.)* ¿Qué?

PAREJA.—Juraría que es él.

VELÁZQUEZ.—*(Para sí.)* ¡Dios bendito! *(Camina presuroso hacia la puerta y toma aprisa su sombrero, capa y espada.)*

PAREJA.—¡Su majestad va a venir, señor!

(Pero VELÁZQUEZ *lo mira sin detenerse y sale, seguido de su criado.)*

NICOLASILLO.—¡Ni que fuera el Preste Juan de las Indias![22]

MARI BÁRBOLA.—Has sido muy descortés con don Diego.

NICOLASILLO.—Me ha llamado perro.

MARI BÁRBOLA.—Pero es el único que no nos trata como a perros.

[NICOLASILLO.—No te quejes. Tú, de no estar aquí, irías por las ferias.

MARI BÁRBOLA.—También aquí somos gente de feria.]

NICOLASILLO.—¡Yo no soy de tu raza! ¡Y ya soy casi un hombre! ¿Qué te crees? *(Se golpea el pecho.)* Vista de Lince ha intervenido ya en cosas de mucha discreción porque ve y oye de lejos. [Si yo te dijera...

MARI BÁRBOLA.—¡Mal oficio!

NICOLASILLO.—¡Oficio de hombres, boba! Y yo lo desempeño como pocos porque aún soy menudo y me escondo en cualquier sitio.] *(Ríe.)* Me oculto tras las maderas de un balcón, o me acurruco debajo de una mesa, o bajo la escalera, y escucho cosas muy sabrosas. Cuando me haga tan alto como don Diego y me case con la menina más linda de la Corte, tú verás quién soy yo.

---

[22] *Preste Juan de las Indias:* personaje legendario cuya mención se relacionaba con prestigio, poder y riqueza. La leyenda sobre este personaje se extendió por Europa desde el siglo XII. Hacía alusión a un rey y sacerdote cristiano, gobernador de un grandioso imperio en Asia, que ofrecía sus servicios a la cristiandad para la reconquista de Tierra Santa. Desde el siglo XVI, en España, la versión más popular situaba su reino en África.

MARI BÁRBOLA.—*(Tras él, con ternura.)* Tú nunca serás tan alto como don Diego, Nicolasillo.

NICOLASILLO.—¡Mala, embustera!

MARI BÁRBOLA.—Tú nunca te casarás.

NICOLASILLO.—*(Iracundo.)* Eso tú, tú... Con esa cara...

MARI BÁRBOLA.—Es cierto. Tampoco tendré yo nunca un hijo a quien besar. Tú no comprendes lo que es eso. Tienes pocos años y aún no sabes que nosotros... sólo podemos besar a los perros del rey.

NICOLASILLO.—*(Casi gritando.)* ¡Yo beso cuando quiero a doña Isabel, y a doña Agustina! [Y una vez... ¡a la misma reina besé! ¡Sí! Y dijo que... que nunca había visto a un niño más lindo y que... y que...]

MARI BÁRBOLA.—Sólo a los perros del rey, hijo mío. Porque tú no eres un niño...

NICOLASILLO.—¡Yo soy un niño, un niño!

(Estalla en sollozos.)

MARI BÁRBOLA.—*(Muy turbada.)* Nicolasillo, hijo, perdóname... Tú eres un lindo niño que se hará un mancebo gallardo...

NICOLASILLO.—¡Mala!

MARI BÁRBOLA.—Sí, soy mala... Pero a ti te quiero bien. [Eres pequeño y necesitas que te guarden de ti mismo...] Yo te cuidaré, yo velaré. Tú no debes esconderte para espiar a nadie... Sigue siendo un niño sin mañas toda tu vida... aunque crezcas. *(Lo abraza con ternura por la espalda.)* Serás como un hijo mío, si tú quieres..., mientras yo viva. *(Va a besarlo en la mejilla.* NICOLASILLO *se aparta y se revuelve.)* ¡Hijo!...

NICOLASILLO.—¡Vete a besar a los perros del rey! *(*MARI BÁRBOLA *se encoge en un sollozo mudo. Una pausa.)* ¡Y no llores! *(Baja la voz.)* No llores... *(*MARI BÁRBOLA *ahoga un sollozo.)* No llores...

(Las cortinas se corren lentamente ante ellos y nos presentan de nuevo la casa de VELÁZQUEZ. D. DIEGO *entra por el fondo y, casi al tiempo,* D.ª JUANA *por la izquierda.)*

D.ª JUANA.—¿Viste ya al rey?

VELÁZQUEZ.—Deja eso ahora. ¿Dónde está ese hombre?

D.ª JUANA.—En la cocina.

VELÁZQUEZ.—¿Puede andar?

D.ª JUANA.—Ahora está de pie. ¿Quién es, Diego?

VELÁZQUEZ.—Tráelo acá.

D.ª JUANA.—*(Va a la puerta y se vuelve.)* Huele mal, está sucio. Parece loco... ¡Que se vaya cuanto antes, Diego! Los niños...

VELÁZQUEZ.—Tráelo. *(*D.ª JUANA *sale.* VELÁZQUEZ *se oprime las manos con tensa expectación.* D.ª JUANA *vuelve con* PEDRO *y se retira al fondo.* PEDRO *mira con dificultad al hombre que tiene delante.* VELÁZQUEZ *le mira fijamente.)* Dios os guarde, amigo mío.

PEDRO.—¿Sois vos don Diego? No veo bien.

VELÁZQUEZ.—El mismo.

PEDRO.—¿Me recordáis?

VELÁZQUEZ.—Es claro. [¿No te acuerdas, Juana? Me sirvió de modelo para un *Esopo.*

D.ª JUANA.—¿Es... aquél?

PEDRO.—Más de quince años hará que lo pintasteis.

VELÁZQUEZ.—] ¿Qué edad contáis ahora?

PEDRO.—Ya no me acuerdo.

D.ª JUANA.—*(Musita.)* ¡Jesús!...

VELÁZQUEZ.—Sentaos.

(Lo conduce.)

D.ª JUANA.—*(Deniega con la cabeza.)* Diego...

VELÁZQUEZ.—Déjanos, Juana.

(Sienta a PEDRO *en el sillón.)*

PEDRO.—Gracias, don Diego.

(D.ª JUANA *va a hablar;* VELÁZQUEZ *la mira
y ella sale por la izquierda, desconcertada.)*

VELÁZQUEZ.—*(Cierra la puerta y se vuelve.)* Al fin re-
cuerdo cómo os llamáis: Pedro.
PEDRO.—*(Después de un momento.)* Os falla la memo-
ria... Mi nombre es Pablo.
VELÁZQUEZ.—*(Su fisonomía se apaga súbitamente.)*
¿Pablo?
PEDRO.—Pablo, sí.
VELÁZQUEZ.—*(No duda que ha mentido; desconfía.)*
Quizá os recuerdo a vos tan mal como a vuestro nombre...
[PEDRO.—¿Recordáis nuestras pláticas?...
VELÁZQUEZ.—*(Frío.)* A menudo. Mas no sé ya si los
recuerdos son verdaderos.] Decidme qué deseáis.
PEDRO.—Ni lo sé... Durante estos años pensé con fre-
cuencia en vos. Quizá no debí venir.
VELÁZQUEZ.—¿Qué ha sido de vos?
PEDRO.—Vida andariega. ¿Y de vos?
VELÁZQUEZ.—Me ascendieron a aposentador del rey.
Y he pintado.
PEDRO.—*(Suspira.)* Habéis pintado... *(Un corto silen-
cio.)* Debo irme ya.

*(Se levanta. Los dos intentan disimular su
turbación.)*

VELÁZQUEZ.—¿Me admitiréis un socorro?
PEDRO.—Vuestra esposa me dio ya vianda. Gracias.
(Una pausa. VELÁZQUEZ *se oprime las manos.)* Una cu-
riosidad me queda antes de partir... Me la satisfacéis si os
place y os dejo.

VELÁZQUEZ.—Decid.

PEDRO.—¿Recordáis que me hablabais de vuestra pintura?

VELÁZQUEZ.—*(Sorprendido.)* Sí.

PEDRO.—Un día dijisteis: las cosas cambian... Quizá su verdad esté en su apariencia, que también cambia.

VELÁZQUEZ.—*(Cuyo asombro crece.)* ¿Os acordáis de eso?

PEDRO.—Creo que dijisteis: si acertáramos a mirarlas de otro modo que los antiguos, podríamos pintar hasta la sensación del hueco...

VELÁZQUEZ.—¿Será posible que lo hayáis retenido?

PEDRO.—Dijisteis también que los colores se armonizan con arreglo a leyes que aún no comprendíais bien. ¿Sabéis ya algo de esas leyes?

VELÁZQUEZ.—Creo que sí, mas... ¡me confunde vuestra memoria! ¿Cómo os importa tanto la pintura sin ser pintor?

(Un silencio.)

PEDRO.—*(Con una triste sonrisa.)* Es que yo, don Diego..., quise pintar.

VELÁZQUEZ.—*(En el colmo del asombro.)* ¿Qué?

PEDRO.—Nada os dije entonces porque quería olvidarme de la pintura. No me ha sido posible. Ahora, ya veis..., vuelvo a ella..., cuando sé que ya nunca pintaré.

VELÁZQUEZ.—¡Qué poco sé de vos! ¿Por qué no habéis pintado?

PEDRO.—Ya os lo diré.

VELÁZQUEZ.—Sentaos. *(Lo empuja suavemente y se sienta a su lado.)* Sabed que me dispongo justamente a pintar un cuadro donde se resume cuanto sé. Nada de lo que pinté podrá parecérsele. Ahora sé que los colores dialogan entre sí: ese es el comienzo del secreto.

PEDRO.—¿Dialogan?

VELÁZQUEZ.—En Palacio tengo ya un bosquejo de ese cuadro. ¿Querríais verlo?

PEDRO.—Apenas veo, don Diego.

VELÁZQUEZ.—Perdonad.

PEDRO.—Pero querría verlo, si me lo permitís, antes de dejaros.

VELÁZQUEZ.—*(Le toca un brazo.)* Pedro...

PEDRO.—¿Cómo?

VELÁZQUEZ.—Entonces me ocultabais muchas cosas; pero no me mentíais. Vuestro nombre es Pedro.

PEDRO.—*(Contento.)* ¡Veo que sois el mismo! Disculpadme. La vida nos obliga a cosas muy extrañas. Yo os lo aclararé.

VELÁZQUEZ.—Durante estos años creí pintar para mí solo. Ahora sé que pintaba para vos.

PEDRO.—Soy viejo, don Diego. Me queda poca vida y me pregunto qué certeza me ha dado el mundo... Ya sólo sé que soy un poco de carne enferma llena de miedo y en espera de la muerte. Un hombre fatigado en busca de un poco de cordura que le haga descansar de la locura ajena antes de morir.

VELÁZQUEZ.—Viviréis aquí.

PEDRO.—*(Después de un momento.)* No lo decidáis todavía.

VELÁZQUEZ.—¿Por qué?

PEDRO.—Hemos de hablar.

VELÁZQUEZ.—¡Hablaremos, mas ya está decidido! Ahora os dejo, porque el rey ha de ver mi borrón. *(Ríe.)* Quizá le hice esperar y eso sería gravísimo... De él depende que pueda o no pintar el cuadro. Pero me importa más lo que vos me digáis de él. ¿Queréis verlo esta tarde? Si no estáis muy cansado...

PEDRO.—Puedo caminar.

VELÁZQUEZ.—Pues mi criado Pareja os conducirá dentro de media hora.

PEDRO.—¿Aquel esclavo vuestro?

VELÁZQUEZ.—El rey le ha dado la libertad porque también pinta. Mas a vos no quiero mentiros: lo logramos Pareja y yo mediante una treta.

PEDRO.—¿Y eso?

VELÁZQUEZ.—¿Habéis olvidado vuestras propias palabras?

PEDRO.—¿Cuáles?

VELÁZQUEZ.—Ningún hombre debe ser esclavo de otro hombre.

PEDRO.—Me remozáis, don Diego.

VELÁZQUEZ.—Tampoco habéis vos olvidado mi pintura..., Pedro.

PEDRO.—¡Chist! Seguid llamándome Pablo ante los demás.

VELÁZQUEZ.—Como queráis. *(Se acerca a la izquierda y abre la puerta.)* ¡Juana!... ¡Juana! *(Entra D.ª JUANA. PEDRO va a levantarse trabajosamente.)* No os levantéis: estáis enfermo. *(D.ª JUANA frunce las cejas ante esa inesperada deferencia.)* Vuelvo a Palacio. Este hombre quedará aquí ahora. Dile a Pareja que lo lleve al obrador dentro de media hora.

D.ª JUANA.—¿Le socorro cuando se vaya?

VELÁZQUEZ.—No es menester, Juana. Queda con Dios. Os aguardo en Palacio..., Pablo.

> *(Sale por el fondo. D.ª JUANA se acerca a PEDRO y lo mira fijamente en silencio. PEDRO la mira con sus cansados ojos, vacila y al fin se levanta con trabajo y queda de pie ante ella con la cabeza baja. Las cortinas del primer término se corren lentamente ante las dos figuras inmóviles mientras la sombra las envuelve y crece una luz alta y fría que deja las estructuras palatinas en la penumbra e ilumina las cortinas centrales. El maestro ÁNGELO NARDI entra por el pri-*

> *mer término de la izquierda y aguarda. Por*
> *las cortinas del centro aparece* EL MAR-
> QUÉS *y se aposta en los peldaños.)*

EL MARQUÉS.—El Consejo Real ha terminado. Su majestad se acerca.

NARDI.—¿No sería preferible que le hablaseis vos solo?

EL MARQUÉS.—Maestro Nardi, vos entendéis de pintura más que yo. ¡Chist!

> *(Señala a las cortinas. Manos invisibles las*
> *apartan para dar paso al rey* FELIPE IV *y*
> *las dejan caer luego.* EL REY *fue siempre*
> *hombre de salud precaria, aunque sus ejer-*
> *cicios cinegéticos fueron conservándole, a lo*
> *largo de su vida, la apariencia de una magra*
> *robustez. Pese a ellos, su sangre débil y la*
> *continua actividad erótica a que le arrastran*
> *su innata propensión y sus deberes matrimo-*
> *niales, le han hecho llegar a los cincuenta y*
> *un años que ahora cuenta fatigado y mar-*
> *chito. El tupé cuidadosamente peinado, el bi-*
> *gote de largas guías elevadas a fuerza de*
> *cosmético, muestran que se obstina en con-*
> *servar su galana compostura; pero contras-*
> *tan con su rostro demacrado, de cansada mi-*
> *rada y blando belfo, bajo el que se aplasta la*
> *leve perilla. Quizá tiñe sus cabellos, que con-*
> *servan un rubio ceniciento. Hay algo inex-*
> *presivo que repele en su blanda fisonomía y*
> *en su muerta mirada. Sobriamente vestido de*
> *negra seda, lleva golilla y la cadena con el*
> *dorado vellocino al pecho. Trae ferreruelo,*
> *espada y sombrero. Cuando aparece,* EL
> MARQUÉS *y* NARDI *se arrodillan.)*

EL REY.—Alzaos

> (*Lo hacen.*)

EL MARQUÉS.—¡Ujier! ¡Disponed asiento para su majestad!

> (*Entra un ujier por el primer término de la derecha llevando un sillón que deposita en el primer término, cerca del lateral. Luego se inclina y vuelve a salir por donde entró, retrocediendo entre reverencias.*)

EL REY.—(*Sorprendido.*) ¿No íbamos al obrador de Velázquez?

EL MARQUÉS.—Me atreví a pensar que vuestra majestad desearía reposar antes un momento.

EL REY.—(*Desciende los peldaños y va a sentarse.*) Cierto que estoy fatigado.

EL MARQUÉS.—(*Se acerca.*) El grande y sereno ánimo de vuestra majestad no debe sufrir por las malas nuevas del Consejo. [Otras veces las hubo peores y Dios no dejó de ayudarnos.]

EL REY.—[En Él confío. Mas] sabéis que pocas veces nos fue tan necesario el dinero... Esperé durante mucho tiempo que llegara la saca de la plata: esos seis galeones cargados de riqueza son nuestra sangre desde hace años... ¡Seis galeones, marqués! Y el inglés los ha hundido. Entretanto nuestros tercios carecen de alimentos. [23]

> (*Se descubre.*)

---

[23] El 8 de noviembre de 1656 puede leerse en los *Avisos*, II, de Jerónimo de Barrionuevo (cit., pág. 17): «Mucho se dice y teme el haber cogido el Inglés en la Indias dos navíos que venían de Honduras y de Portobelo a La Habana, cargados de plata. Mejor sería fuese mentira». Sucesos de idéntico signo siguen apareciendo en días sucesivos. Así mismo se avisa con frecuencia de las subidas de los impuestos.

EL MARQUÉS.—Vivirán sobre el terreno, señor, [como siempre hicieron.]

EL REY.—Puede ser. Mas su marcialidad decrece. Hemos perdido Portugal y casi hemos perdido Cataluña. [24] La paz sería preferible.

EL MARQUÉS.—La plata no se ha terminado en las Indias, señor.

EL REY.—No. Mas ¿cómo hacer frente a nuestros gastos hasta una nueva saca? [Admito que los tercios vivan... como puedan. ¿Y España?

EL MARQUÉS.—También vive de sí misma, señor.

EL REY.—No muy bien ya. Mas ¿y el sostenimiento del trono y de la nobleza?

EL MARQUÉS.—La palabra real vale oro. Extended libramientos y el dinero llegará después. Así se viene haciendo.

EL REY.—*(Menea la cabeza.)*] Los mercaderes son gente baja y soez. Mi palabra ya no les vale.

EL MARQUÉS.—Subid los impuestos.

EL REY.—¿Más?

EL MARQUÉS.—¡Cuanto fuera menester, señor! ¿Qué mayor obligación para el país que ayudar a su rey a seguir siendo el más grande monarca de la Tierra? Debo daros además, señor, nuevas que no he querido exponer en el Consejo [por no estar aún confirmadas,] pero que sin duda satisfarán a vuestra majestad.

EL REY.—¿Qué nuevas son esas?

EL MARQUÉS.—En Balchín del Hoyo, señor, se han descubierto dos poternas llenas de cerrojos y candados, que aún no se han abierto... Vuestra majestad verá cómo también allí nos asiste la Providencia.

---

[24]   Los problemas con Cataluña, iniciados en este reinado con «el Corpus de sangre», y la lucha con Portugal hasta su pérdida definitiva ocupan prácticamente toda la etapa de Felipe IV.

EL REY.—Dios lo haga. Mas si entretanto volvemos a subir los impuestos, quizá promoveríamos más disturbios.

EL MARQUÉS.—Los revoltosos nunca pueden tener razón frente a su rey. El descontento es un humor pernicioso, una mala hierba que hay que arrancar sin piedad. [Y en eso sí que necesitamos ojos de Argos [25] y ejemplar severidad.] Por fortuna, vuestra majestad tiene vasallos capaces de advertir el aliento pestilente de la rebeldía..., aunque sople en el mismo Palacio.

EL REY.—¿Qué queréis decir?

EL MARQUÉS.—No es la primera vez que mi lealtad me fuerza a insistir acerca de ello ante vuestra majestad. Nunca es más peligrosa la rebeldía que cuando se disfraza con un rostro sumiso.

EL REY.—*(Se levanta.)* ¿Habláis de Velázquez?

EL MARQUÉS.—Así es, señor.

(EL REY pasea. Una pausa.)

EL REY.—Velázquez no es un rebelde.

EL MARQUÉS.—Ante vos, no, señor: no es tan necio. Ante mí, de quien recibe justas órdenes, sólo muestra desdén y desobediencia.

EL REY.—Es un excelente pintor.

EL MARQUÉS.—*(Señala a* NARDI, *que permaneció apartado.)* Si vuestra majestad da su venia al maestro Nardi para que hable en mi lugar, él podrá señalar, como excelente pintor que también es, algunas condiciones extrañas que nos parece advertir en el cuadro que «el sevillano» pretende pintar.

---

[25] *Argos:* personaje mitológico con distintas representaciones, caracterizado por su extraordinaria fuerza y por la capacidad de verlo todo. Se le suponía con un ojo en la nuca, con dos en la cara y dos más en el cogote; o bien, con cien ojos (en la frente o en todo el cuerpo) de los que alternativamente se abrían y se cerraban cincuenta.

EL REY.—*(Después de un momento.)* Acercaos, maestro Nardi.

NARDI.—*(Se acerca y se inclina.)* Señor...

EL REY.—Ya en otra ocasión Carducho y vos me hablasteis injustamente de Velázquez. ¿Qué tenéis que decirme ahora de la pintura que se dispone a ejecutar? [Medid vuestras palabras.

NARDI.—Señor, si volviera a errar, a vuestra benignidad me acojo. Sólo me mueve el deseo de servir lealmente a vuestra majestad.

EL REY.—Hablad.

NARDI.—Si no me constara el amor que don Diego profesa al trono, diría que se mofaba con esa pintura de su misión de pintor de cámara.

EL REY.—] Es una pintura de las infantas.

NARDI.—Pero... nada respetuosa. La falta de solemnidad en sus actitudes las hace parecer simples damas de la Corte; los servidores, los enanos y hasta el mismo perro parecen no menos importantes que ellas... *(EL REY vuelve a sentarse.* NARDI *titubea, mas sigue hablando.)* Tampoco se escoge el adecuado país para el fondo, o [al menos] el lugar palatino que corresponda a la grandeza de vuestras reales hijas, sino un destartalado obrador de pintura con un gran bastidor bien visible porque..., porque...

EL REY.—Continuad.

EL MARQUÉS.—Con la venia de vuestra majestad lo haré yo, pues sé lo que la prudencia del maestro vacila en decir. [Un gran bastidor en el que el propio «sevillano» se pinta.] Lo más intolerable de esa pintura es que representa la glorificación de Velázquez pintada por el propio Velázquez. Y sus altezas, y todos los demás, están de visita en el obrador de ese fatuo.

[NARDI.—Más bien resulta por ello un cuadro de criados insolentes que de personas reales, señor.

EL MARQUÉS.—Justo. Y donde el más soberbio de

ellos, con los pinceles en la mano, confirma la desmesurada idea que de sí mismo tiene.]

NARDI.—Confío en que don Diego no llegará a pintarlo en tamaño tan solemne; pues sería, si vuestra majestad me consiente un símil literario, como sin don Pedro Calderón hubiese escrito una de sus grandes comedias... en prosa.

EL MARQUÉS.—No confío yo tanto en la cordura de un hombre que acaso ha osado en su fuero interno creerse no inferior ni a la suprema grandeza de vuestra majestad.

EL REY.—*(Airado.)* ¿Qué?

EL MARQUÉS.—Parece que él mismo ha dicho, señor, que sus majestades se reflejarían en el espejo *. No ha encontrado lugar más mezquino para vuestras majestades en el cuadro, mientras él mismo se retrata en gran tamaño. [26] No me sorprende: yo nunca oí a Velázquez, y dudo que vuestra majestad los haya oído, aquellos justos elogios que el amor del vasallo debe a tan excelso monarca y que le han prodigado ingenios en nada inferiores a Velázquez. *(EL REY los mira a los dos, pensativo. La infanta MARÍA TERESA entra por las cortinas del centro.)* Su alteza real, señor.

> *(EL REY se levanta. EL MARQUÉS y NARDI se inclinan y se separan con respeto. La infanta baja los peldaños, se acerca y besa la mano de su padre.)*

EL REY.—¿Y vuestro séquito?

MARÍA TERESA.—Preferí buscaros sola, señor.

EL REY.—Hija mía, ¿no podríais mostrar más cordura?

---

* *(N. del A.)* Incurre aquí el marqués en la difundida hipótesis del reflejo directo de los reyes en el espejo, cuando el reflejo es en realidad el de un cuadro con sus efigies, según demuestra el trazado de la perspectiva.

[26] Véase Antonio Buero Vallejo, «El espejo de *Las Meninas*», *O. C.*, II, cit., págs. 212-235.

MARÍA TERESA.—¿Puedo recordaros que me habíais prometido dejarme asistir a vuestro real Consejo? Mis deseos de cordura son grandes señor; justamente por ello osé pedíroslo.

[EL REY.—*(Con un suspiro de impaciencia.)* Los tristes negocios del que hoy he celebrado hubieran causado pesadumbre a una niña como vos.

MARÍA TERESA.—Nunca dejaré así de ser niña, padre mío.]

EL REY.—Apartaos, señores. *(*EL MARQUÉS *y* NARDI *se sitúan más lejos.)* [La reina y vos sois mis dos niñas, por cuya dicha debo yo soportar la carga del Estado... Volved con ella y disfrutad de vuestra bendita ignorancia. No me disgustéis.]

MARÍA TERESA.—Erráis, señor, si me creéis moza para saber tristezas que, de todos modos, llego a saber. En Palacio todo se sabe: que hemos perdido la saca de la plata, que no hay dinero, que el país tiene hambre, que la guerra va mal...

EL REY.—¿En esas cosas pensáis? Vuestros deberes son el rezo y las honestas diversiones de vuestra alcurnia. ¡No lo olvidéis!

MARÍA TERESA.—¡Padre mío, sólo quiero ayudaros! [¡En Palacio se saben cosas que tal vez nadie osa deciros!

EL REY.—*(Frío.)* ¿Cuáles?

MARÍA TERESA.—] ¿Sabéis que hace tres días nadie comió en Palacio salvo nuestra familia?[27]

EL REY.—¿Qué decís?

MARÍA TERESA.—[No había manjares porque a los

---

[27] Jerónimo de Barrionuevo *(Avisos,* II, cit., pág. 6) explicaba el 11 de octubre: «Dos meses y medio ha que no se dan en palacio las raciones acostumbradas, que no tiene el Rey un real, y el día de San Francisco le pusieron a la Infanta en la mesa un capón que mandó levantar porque hedía como a perros muertos. [...] Mire vuestra merced cómo anda el Palacio. Todo es como lo cuento, sin añadir ni quitar un ápice».

mercaderes ya no se les paga.] Y ayer mismo, a la señora
reina no pudieron servirle su confitura cuando la pidió.
Hubieron de ir por ella con unos reales que ofreció entre
risas un bufón: Manolillo de Gante. [28]

(Un silencio.)

EL REY.—¡Marqués!
EL MARQUÉS.—Señor... *(Se acerca.)*
EL REY.—¿Cómo faltó ayer la confitura en la mesa de
la señora reina?
EL MARQUÉS.—Perdonad, señor. Fue una negligencia
del sumiller. Ya ha sido castigado.
EL REY.—¿Es cierto que hace tres días no hubo de co-
mer en Palacio?
[EL MARQUÉS.—Nada faltó al servicio de vuestra ma-
jestad, que yo sepa.
EL REY.—¿Y a los demás?]
EL MARQUÉS.—Hablábamos antes de la sordidez de
los mercaderes, señor. Pero yo me tendría en muy poco si
no supiese arbitrar los debidos recursos. El abastecimiento está ya asegurado.
EL REY.—¿De qué modo?
EL MARQUÉS.—Medidas de excepción, señor, contra...
los mercaderes.

(EL REY baja la cabeza.)

EL REY.—Retiraos. *(EL MARQUÉS se inclina y vuelve
con NARDI.)* Ya veis que las cosas no van tan mal... Dejad
que vuestro padre vaya afrontando dificultades que siempre hubo...

---

[28]   La anécdota de la mermelada de la reina pagada por el bufón la
refiere Barrionuevo *(Avisos,* II, cit., pág. 12) el 25 de octubre de 1656.

María Teresa.—¡Padre mío, atreveos! ¡Elegid a otros consejeros!

El Rey.—¡No intentéis enseñarme cómo se elige a los servidores! Si no corregís vuestras rarezas, será mejor que entréis en religión.

María Teresa.—*(Se yergue.)* Señor: la paz con Francia puede depender de mi enlace con el rey Luis.

El Rey.—Pero acaso no haya paz con Francia.

María Teresa.—Si Dios no os concede hijo varón, soy yo la heredera de vuestra corona.

El Rey.—*(Iracundo.)* De ahí viene todo, ¿no? ¿Preparáis ya a mis espaldas vuestra pequeña Corte? ¡El convento será con vos si volvéis a incurrir en mi cólera!

María Teresa.—Quizá desee el convento más de lo que pensáis. Quizá desde él podría deciros con más autoridad que os guardéis de los malos servidores, padre mío... y de todos los placeres que no os dejan atender los negocios del reino.

El Rey.—*(Colérico.)* ¿Qué?... ¡Fuera de mi presencia! *(La infanta, llorosa, hace su genuflexión y sale por la derecha. El Rey, turbado, va al centro de la escena, donde permanece pensativo. Al cabo de un momento, dice:)* ¿Dónde teníamos que ir, marqués?

El Marqués.—*(Se acerca.)* Al obrador de los pintores, señor.

El Rey.—*(Débil.)* Ah, sí. Velázquez. Pues vamos.

(Pero no se mueve.)

El Marqués.—*(A media voz.)* Ujier... *(El ujier reaparece y, ante una seña del* Marqués, *recoge el sillón y sale.)* Cuando vuestra majestad disponga.

El Rey.—*(Mira hacia donde salió su hija.)* Si volviese a tener hijo varón, otro sería mi ánimo, marqués. La reina ha vuelto a sospechar.

El Marqués.—La Corte entera lo celebra, señor.

EL REY.—Pero tal vez se malogre, como sucedió con tantos otros...[29]

[EL MARQUÉS.—*(Con maliciosa sonrisa.)* ¿Debo recordar a vuestra majestad los hijos de su sangre que... no se han malogrado?

EL REY.—No me recordéis mis pecados, marqués. *(Pero sonríe, melancólico.)* Sin embargo, sí: debe de estar en ella la causa y no en mí. ¡Es tan niña aún![30]

EL MARQUÉS.—Vuestro tierno afecto la ha hecho florecer, señor. Tened por cierto que os dará un príncipe que será el asombro de los siglos.

EL REY.—] Mandé traer de la capilla el báculo de Santo Domingo de Silos y la cinta de San Juan de Ortega, que afirman ser infalibles en estos casos.[31]

EL MARQUÉS.—Añadid a esas veneradas reliquias todas las atenciones que la reina nuestra señora apetezca. Creo, señor, que es la hora de hacer en el Buen Retiro el jardín que os pidió: no se la debe contrariar en nada.[32]

---

[29] El 9 de agosto de 1656 Jerónimo de Barrionuevo *(Avisos,* I, cit., pág. 306) comunica que los reyes han suspendido una excursión el día de San Bartolomé «por decir los médicos y las comadres estaba la reina en falta de ocho días, y que con la moción del coche se descuajaría el requesón del preñado soñado». Pocos días después da el anuncio de que todo había sido una falsa alarma. El 28 de noviembre de 1657 dio a luz un niño al que pusieron Felipe Próspero; el príncipe murió en 1661.

[30] Mariana de Austria, segunda esposa de Felipe IV, había nacido en 1635, tenía veintinueve años menos que su tío y esposo, con el que contrajo matrimonio a los trece.

[31] Barrionuevo informa el 2 de febrero de que «han traído los frailes Jerónimos una pretina de San Juan de Ortega, de su Orden. Es de hierro: dos medios aros que hacen un cero. Dicen obra milagros en orden a concebir las mujeres».

[32] Los actos lúdicos celebrados en el Retiro y las modificaciones de que son objeto los jardines están referidos por Jerónimo de Barrionuevo en distintos momentos. El 8 de noviembre de 1656 *(Avisos,* II, cit., pág. 17) comenta que han hecho llegar al «Rey un memorial de grandes servicios pidiéndole el gobierno del fortín que se hace ahora

EL REY.—Sería hermoso para ella... Cinco fuentes, numerosas estatuas... ¡Pero cuesta cien mil ducados!

EL MARQUÉS.—El dinero llegará mientras se inician los trabajos.

(Las cortinas se descorren.)

EL REY.—*(Lo piensa.)* Sí. Le debo esa alegría. Mañana le diré a don Luis de Haro que extienda los libramientos. Vamos a ver a Velázquez. *(Se vuelve y llega a los peldaños.)* Gracias, Nardi. Podéis retiraros.

> *(NARDI se inclina y sale por la izquierda. Descorridas las cortinas, aparece el obrador y en él VELÁZQUEZ, de espaldas al caballete y de cara al proscenio, aguardando inmóvil. Su sombrero, capa y espada descansan sobre la consola del fondo. EL REY sube los peldaños, seguido del MARQUÉS. VELÁZQUEZ se arrodilla. EL REY llega junto a VELÁZQUEZ, que besa su mano.)*

EL REY.—Alzad.

> *(VELÁZQUEZ se levanta mirando de reojo al MARQUÉS. EL REY mira el boceto. Un silencio.)*

VELÁZQUEZ.—¿Puedo pintar el cuadro, señor?

EL REY.—Aguardadme en el rellano, marqués. *(EL MARQUÉS sale, entre reverencias, por la derecha del*

---

en una fuente del jardín del Retiro [...], motejándole se gastaba el dinero en fuentes y no en defender las plazas, con que todas se perdían por mal gobierno, y no acudirles en lo necesario».

fondo, cerrando. Una pausa. EL REY *avanza mientras habla para sentarse en el sillón.*) Vuestra pintura me complace más que ninguna otra. Mas ese cuadro, en verdad, es extraño. [Yo mismo pinto, don Diego.] ¿Creéis vos que entiendo de pintura?

VELÁZQUEZ.—Vuestra majestad ha sabido amar y proteger como pocos reyes a todas las artes.

EL REY.—¿Con discernimiento?

VELÁZQUEZ.—*(Lo piensa.)* Vuestra majestad gusta de mi pintura. Hay pintores que la aborrecen. Vuestra majestad entiende más que ellos.

EL REY.—Sentaos a mi lado.

VELÁZQUEZ.—Con la venia de vuestra majestad.

(Lo hace.)

EL REY.—Si tuviese que aclarar al marqués la causa de mi afición a vos, apenas podría decirle otra cosa que ésta: mi pintor de cámara me intriga. Hace... ¿cuántos años que estáis a mi lado?

VELÁZQUEZ.—Treinta y tres, señor.

EL REY.—Hace todos esos años que espero de él un elogio rendido. Todos dicen que soy el monarca más grande del orbe: él calla.

VELÁZQUEZ.—No soy hombre de bellas palabras y vuestra majestad tiene ya muchos que cantan sus alabanzas. ¿Por qué había de ser yo uno más en el coro?

EL REY.—Hemos envejecido juntos, don Diego. Os tengo verdadero afecto. [¿Qué intención encierra ese cuadro?

VELÁZQUEZ.—Representa... una de las verdades del Palacio, señor.

EL REY.—¿Cuál?

VELÁZQUEZ.—No sé cómo decir... Yo creo que la verdad... está en esos momentos sencillos más que en la etiqueta... Entonces, todo puede amarse... El perro, los enanos, la niña...

EL REY.—¿Os referís a la infanta Margarita?

VELÁZQUEZ.—Sí, majestad.

EL REY.—¿No es más que una niña para vos?

VELÁZQUEZ.—Es nada menos que una niña. Su alteza es una linda niña.

EL REY.—Siempre me contradecís suavemente.

VELÁZQUEZ.—No, majestad. Es que vuestra majestad me honra permitiéndome el diálogo.

EL REY.—*(Severo.)* Seguís contradiciéndome.

VELÁZQUEZ.—Perdón, señor. Creí que el diálogo continuaba.

EL REY.—]¿Qué me diríais si os concediese un hábito militar? *(VELÁZQUEZ ríe.)* ¿Os reís? Yo esperaba al fin unas rendidas palabras.

VELÁZQUEZ.—Perdón, señor. Me reía de algunos que lo llevan.

EL REY.—Alguna vez me insinuasteis que deseabais entrar en una Orden militar.

VELÁZQUEZ.—Cierto, señor. Puesto que la verdadera hidalguía no siempre se reconoce y puesto que, para algunos, un pintor no es más que un criado, deseo una cruz para mi pecho. [33]

EL REY.—¿Cuál?

VELÁZQUEZ.—Podría ser Santiago, señor. *(Ríe.)* Y me vería muy honrado si el señor marqués fuese mi padrino.

> *(EL REY se levanta y VELÁZQUEZ también. EL REY da unos paseos.)*

EL REY.—¿Habéis sido infiel alguna vez a vuestra esposa?

---

[33] La leyenda dice que el propio rey pintó la cruz de caballero en el pecho de la figura en *Las Meninas;* Palomino *(El Museo Pictórico,* cit., pág. 920) indica: «Y en el pecho el hábito de Santiago, que después de muerto le mandó Su Majestad que se le pintasen; y algunos dicen, que Su Majestad mismo se lo pintó».

VELÁZQUEZ.—*(Perplejo.)* Creo que... no, señor.

EL REY.—¿No os inquietan las mujeres?

VELÁZQUEZ.—Yo... amo a mi esposa, señor.

EL REY.—¿Queréis decir que yo no amo a la mía? *(Un silencio.)* ¡Responded!

VELÁZQUEZ.—El Cielo me libre de juzgar los sentimientos de vuestra majestad.

EL REY.—¿Entonces?

VELÁZQUEZ.—Las mujeres aún me atraen, señor. Pero... me parece tan grave tomar todo eso a juego... El hombre se satisface y acaso deja detrás una madre y un hijo que pueden padecer y llorar por ese momento de deleite... No. No podría.

EL REY.—Somos de barro. Mas si esos niños pueden ser alimentados y esas mujeres atendidas... Es un pecado, ya lo sé; pero al menos...

VELÁZQUEZ.—Es que no sólo han menester el dinero, señor. Hay que darles afecto.

EL REY.—*(Lo mira con ojos sombríos y va luego al boceto, que contempla. Musita.)* Triste vida.

VELÁZQUEZ.—¿Puedo pintar el cuadro, señor?

EL REY.—*(Lo mira con resentida expresión.)* Aún no lo tengo decidido.

> *(Se cala el sombrero y se encamina, brusco, hacia el fondo.* VELÁZQUEZ *se arrodilla.* EL REY *abre la puerta de la derecha y sale.* EL MARQUÉS *lo esperaba en el rellano y se inclina. Desaparecen los dos. Se oye de inmediato un golpe de alabarda y el grito de un centinela: «*¡EL REY!*».* VELÁZQUEZ *se levanta mirando a la puerta. Un guardia más lejano repite: «*¡EL REY!*».* VELÁZQUEZ *coge de improviso el boceto y lo alza, en el iracundo ademán de estrellarlo contra el suelo. Un tercer grito, muy lejano ya, de*

otro centinela, se deja oír. Al tiempo, la
puerta de la izquierda del fondo se abre y
entra NIETO.)

NIETO.—¿Qué os sucede, primo?
VELÁZQUEZ.—¿Eh?... Nada. Pensaba una postura.

(Deposita suavemente la tela sobre el caba-
llete. NIETO *avanza.)*

NIETO.—¿Cuándo comenzáis el cuadro grande?
VELÁZQUEZ.—No lo sé.
NIETO.—¿Lo aprobó ya su majestad?
VELÁZQUEZ.—No.

(Cruza para ordenar algunos tarros y pin-
celes en el bufete. Mirando a todos lados
con precaución, NIETO *avanza y baja la*
voz.)

NIETO.—Poned cuidado, primo. Tenéis enemigos po-
derosos. No debo nombrarlos. Pero sé que traman algo
contra vos.
VELÁZQUEZ.—*(Le oprime un brazo con afecto.)* Gracias. Sé quiénes son.
NIETO.—*(Suspira.)* Quizá no conocéis al peor de todos...
VELÁZQUEZ.—¿A quién os referís?
[NIETO.—*(Baja los ojos.)* Don Diego: a veces Nuestro
Señor elige la más indigna de las voces para hacernos oír
un aviso. Escuchad por una vez mi palabras con humildad. ¡Os lo ruego por la preciosa sangre de Jesús!
VELÁZQUEZ.—No os comprendo.
NIETO.—¿No habéis pensado que tal vez el más temible de los enemigos puede estar jugando con vos para
perderos?

VELÁZQUEZ.—¿Quién?]

NIETO.—No me refiero a ninguno de carne y hueso, sino... al Enemigo.

VELÁZQUEZ.—¡Ah, ya! *(Sonríe.)* Siempre viendo diablejos por los rincones, mi buen primo.

NIETO.—*(Muy serio.)* No sé si reparáis en que él... nos escucha ahora.

VELÁZQUEZ.—*(Lo considera un momento.)* Pues claro, primo: el Señor nos valga contra él siempre. Mas no sé que esté yo en peligro mayor que el habitual...

NIETO.—Veréis: yo no hallo nada reprobable en ese cuadro que tanto se comenta. Sólo lo encuentro... ¿Cómo diré? Indiferente.

VELÁZQUEZ.—*(Va a sentarse al sillón.)* ¡Hola! ¡Eso es muy agudo! ¿Qué entendéis por una pintura que no sea indiferente?

NIETO.—Una de santos, pongo por caso. Vos habéis pintado algunas muy bellas.

VELÁZQUEZ.—Y pintaré algunas más, no lo dudéis.

NIETO.—*(Exaltado.)* ¡Me alegra eso que decís! ¡Elegid como pintor el buen camino! Pensad bien estos días antes de comenzar otras obras o arrepentíos, si por acaso... acariciasteis ya la idea de ejecutar alguna pintura irreverente, o alguna mitología sobrado profana...

VELÁZQUEZ.—*(Ríe.)* [Calmad vuestros escrúpulos, primo.] Olvidáis que, aunque quisiera, mal podría pintar mitologías sobrado profanas. Está prohibido. [34]

---

[34]   Antonio Palomino *(El Museo Pictórico,* cit., págs. 571-576) alude a la prohibición y transcribe unos párrafos de la misma: «Pero no carece de providencia este punto en el Expurgatorio del Supremo Tribunal de la Inquisición a el principio por estas palabras: "Y para obviar en parte el grave escándalo y daño no menor, que ocasionan las pinturas lascivas, mandamos: que ninguna persona sea osada, a meter en estos reinos imágenes de pintura, láminas, estatuas u otras de escultura lascivas, ni usar de ellas en lugares públicos de plazas, calles, o aposentos comunes de las casas. Y así mismo SE PROHÍBE A LOS PINTORES, QUE

NIETO.—*(Lo mira fijamente.)* En efecto: está prohibido.

VELÁZQUEZ.—Por consiguiente, no hay peligro. *(Ve a*
PAREJA, *que, conduciendo a* PEDRO, *apareció en la dere-*
cha del fondo. Se levanta y marcha presuroso hacia los re-
cién llegados.) Gracias, Juan. *(A* PEDRO.*)* Venid vos acá.
*(*PAREJA *saluda y vuelve a salir, cerrando.* VELÁZQUEZ
conduce a PEDRO *al primer término.)* ¿Estáis cansado?

PEDRO.—Un poco.

VELÁZQUEZ.—Sentaos. *(Lo sienta en el sillón. A* NIETO.*)*
Hará buen modelo. Tiene una cabeza valiente.

NIETO.—Os dejo.

VELÁZQUEZ.—*(Frío.)* No me estorbáis.

(Cruza y busca carbones en el bufete.)

NIETO.—Yo sólo quise haceros una advertencia... por
vuestro bien. Confío en que la meditéis.

VELÁZQUEZ.—Por supuesto. Sabré guardarme de todo
género de enemigos.

LAS PINTEN, Y A LOS DEMÁS ARTÍFICES, QUE LAS TALLEN, NI HAGAN:
PENA DE EXCOMUNIÓN MAYOR *LATAE SENTENTIAE, CANONICA MONI-*
TIONE PRAEMISSA"». Se añade el pago de «quinientos ducados por ter-
cias partes, para gastos del Santo Oficio, jueces y denunciador», y un
año de destierro para quienes las entrasen en los reinos de España. Todo
ello no viene sino a autorizar la utilización, por parte de Buero, del supuesto «examen» sufrido por Velázquez; tanto más, cuanto que los argumentos con los que se defiende el pintor en el drama se encuentran
en perfecta consonancia con los de Antonio Palomino cuando diferencia entre lo desnudo y lo deshonesto y recuerda para ello a la figura de
Jesucristo, no sólo en su pasión y muerte, sino «glorioso, lleno de her-
mosura, y resplandor» en su resurrección y ascensión. En cualquier
caso, la censura del desnudo en el arte responde al espíritu surgido en
la Contrarreforma y defendido por el Concilio de Trento. A partir de
ese momento, en Italia se publican libros que incluyen críticas contra la
representación del desnudo; así, en los *Dialoghi* de Giovanni Andrea
Gilio (1564) se rechaza, entre otros «errores» de los pintores, la presencia del desnudo.

NIETO.—*(Vacila; no acierta a despedirse.)* Creo que nunca vi a este hombre... ¿Acaso es el bufón que iban a traer?

VELÁZQUEZ.—*(Ríe.)* ¿El bufón? Yo lo conozco poco... Preguntádselo a él.

NIETO.—*(Desconcertado, a* PEDRO.*)* ¿Sois vos el nuevo hombre de placer de Palacio?

PEDRO.—Temo no ser lo bastante deforme.

*(*VELÁZQUEZ *reprime una sonrisa.)*

NIETO.—*(Perplejo.)* No, no es él... Dios os guarde, primo.

VELÁZQUEZ.—Él sea con vos, primo. *(*NIETO *sale por la derecha del fondo y cierra la puerta.* VELÁZQUEZ *suelta en seguida el carboncillo.)* Ya estamos solos. ¿Queréis ver mi borrón?

PEDRO.—Llevadme.

(Se levanta. Apoyado en VELÁZQUEZ, *llega al caballete.)*

VELÁZQUEZ.—Está oscureciendo... Abriré otro balcón.

PEDRO.—No lo hagáis... Mis ojos ven mejor así. *(Una larga pausa.* PEDRO *está contemplando el boceto con gran atención. Tras el balcón exterior de la derecha se sienta, oculta a medias por el batiente,* D.ª ISABEL *con su vihuela y comienza a pulsar la* Fantasía *de Fuenllana.* D.ª AGUSTINA, *con aire soñador, se recuesta en el otro lado.* PEDRO *se aleja para ver mejor.)* Pobre animal... está cansado. Recuerda a un león, pero el león español ya no es más que un perro.

VELÁZQUEZ.—*(Asiente.)* Lo curioso es que le llaman León.

PEDRO.—No es curioso: es fatal. Nos conformamos ya con los nombres. *(Una pausa.)* Sí, creo que comprendo.

(VELÁZQUEZ *emite un suspiro de gratitud.*) Un cuadro sereno: pero con toda la tristeza de España dentro. Quien vea a estos seres comprenderá lo irremediablemente condenados al dolor que están. Son fantasmas vivos de personas cuya verdad es la muerte. Quien los mire mañana lo advertirá con espanto... [35] Sí, con espanto, pues llegará un momento, como a mí me sucede ahora, en que ya no sabrá si es él el fantasma ante las miradas de estas figuras... Y querrá salvarse con ellas, embarcarse en el navío inmóvil de esta sala, puesto que ellas lo miran, puesto que él está ya en el cuadro cuando lo miran... Y tal vez, mientras busca su propia cara en el espejo del fondo, se salve por un momento de morir. (*Se oprime los ojos con los dedos.*) Perdonad... Debería hablaros de los colores como un pintor, mas ya no puedo. Apenas veo... Habré dicho cosas muy torpes de vuestra pintura. He llegado tarde para gozar de ella.

VELÁZQUEZ.—(*Que lo oyó con emoción profunda.*) No, Pedro. Esta tela os esperaba. Vuestros ojos funden la crudeza del bosquejo y ven ya el cuadro grande... tal como yo intentaré pintarlo. Un cuadro de pobres seres salvados por la luz... He llegado a sospechar que la forma misma de Dios, si alguna tiene, sería la luz... Ella me cura de todas las insanias del mundo. De pronto, veo... y me invade la paz.

PEDRO.—¿Veis?

---

[35] Unas palabras de Ortega sobre el significado de las pinturas velazqueñas enlazan perfectamente con las apreciaciones de Pedro: «El reposo de Velázquez está logrado y sostenido a pulso, merced a una constante tensión, digamos más, a un *combate sin pausa contra todo su siglo*. Esta dureza que hay en los cuadros de Velázquez tras su reposo incomparablemente cómodo es la dureza de un bíceps contraído y la fiera disciplina de un combatiente en la brecha, resuelto a no ceder un paso ni pactar en lo más mínimo. Todo ello sin ninguna gesticulación [...], sin anunciar en los periódicos que va a luchar, que ya está luchando, que continúa luchando» (*Velázquez*, cit., pág. 62).

VELÁZQUEZ.—Cualquier cosa: un rincón, el perfil coloreado de una cara... y me posee una emoción terrible y, al tiempo, una calma total. Luego, eso pasa... y no sé cómo he podido gozar de tanta belleza en medio de tanto dolor.

PEDRO.—Porque sois pintor.

VELÁZQUEZ.—¿Por qué no habéis pintado, Pedro? Vuestros ojos apagados sienten la pintura mejor que los míos. Me llenáis de humildad.

(La vihuela calla. Las dos meninas departen en voz baja.)

PEDRO.—Estoy cansado. No veo... *(Mientras* VELÁZQUEZ *lo conduce al sillón.)* Yo fui de criado a Salamanca con un estudiante noble. Su padre pagaba mis estudios y yo le servía... Allí, siempre que podía, me iba al obrador del maestro Espinosa. Un pintor sin fama... ¿Sabéis de él?

VELÁZQUEZ.—No.

PEDRO.—*(Se sienta.)* Mis padres eran unos pobres labriegos... A los tres años de estudiar, el maestro Espinosa logró convencerles de que me pusieran con él de aprendiz... Cuando íbamos a convenirlo, mi señor robó una noche cien ducados para sus caprichos a otro estudiante. Registraron y me los encontraron a mí.

VELÁZQUEZ.—¿A vos?

PEDRO.—Los puso él en mi valija para salvarse. Me dieron tormento: yo no podía acusar al hijo de quien me había favorecido... Sólo podía negar y no me creyeron. Hube de remar seis años en galeras.

VELÁZQUEZ.—Dios santo...

PEDRO.—El mar es muy bello, don Diego; pero el remo no es un pincel. Al salir de galeras, quedan pocas ganas de pintar y hay que ganar el pan como se pueda. Volví a mi pueblo: allí sufrí once años. Hasta mis padres me creían un ladrón. Cuando empezó la guerra en Flandes, me alisté. Me dije: allí me haré otro hombre. Pero la guerra, de cerca... ¡Puaj!... ¿Nadie nos escucha?

VELÁZQUEZ.—No.

> *(Las meninas desaparecen, hablando, del balcón.)*

PEDRO.—*(Sonríe.)* Me pareció oír ruido.

VELÁZQUEZ.—*(Se sienta a su lado.)* Proseguid.

PEDRO.—¿Para qué? He vivido como he podido. No tuve tiempo para pintar.

VELÁZQUEZ.—Me siento en deuda con vos.

PEDRO.—Alguien tenía que pintar lo que vos habéis pintado, y yo no lo habría hecho mejor.

VELÁZQUEZ.—Si el pago de ello ha sido el dolor de toda vuestra vida... ya no me place.

PEDRO.—Y ¿quién os dice que lo toméis como un placer? También vos habéis pintado desde vuestro dolor, y vuestra pintura muestra que aun en Palacio se puede abrir los ojos, si se quiere. Pintar es vuestro privilegio: no lo maldigáis. Sólo quien ve la belleza del mundo puede comprender lo intolerable de su dolor.

VELÁZQUEZ.—Entonces... ¿me absolvéis?

PEDRO.—*(Sonríe.)* Sois más grande que yo, don Diego.

> *(De pronto se dobla sobre sí mismo; su cara se contrae.)*

VELÁZQUEZ.—¿Os sentís mal? *(Se levanta y corre al bufetillo, donde llena un búcaro.* PEDRO *gime.* VELÁZQUEZ *vuelve a su lado y le da de beber.)* Hoy llamaré al médico para que os vea. Nada os faltará mientras yo viva.

PEDRO.—*(Sonríe.)* ¿Vais a cobijar a un licenciado de galeras?

VELÁZQUEZ.—*(Vuelve al bufetillo con el búcaro.)* Esa cuenta ya está saldada.

PEDRO.—No decidáis tan presto. (VELÁZQUEZ *se vuelve y lo mira.*) Pero... ¿nadie nos escucha?

VELÁZQUEZ.—Desde aquellas puertas no pueden oír. Miraré en ésta. *(Abre la puerta de la izquierda y mira. Cierra.)* Los pintores se han ido.

PEDRO.—Acercaos: he de deciros algo... Erais un mozo cuando sucedió. En Flandes... En una de las banderas españolas. No en la mía, no... En otra. El país aún no estaba agotado y se podía encontrar vianda. Pero los soldados pasaban hambre. Les había caído en suerte un mal capitán; se llamaba... *(Ríe.)* ¡Bah! Olvidé el nombre de aquel pobre diablo. No pagaba a los soldados y robaba en el abastecimiento. Si alguno se quejaba, lo mandaba apalear sin piedad. Se hablaba en la bandera de elevar una queja al maestre de campo, pero no se atrevían. Quejarse suele dar mal resultado... Un día dieron de palos a tres piqueros que merodeaban por la cocina y uno de ellos murió. Entonces el alférez de la bandera se apostó en el camino del capitán... y lo mató. (VELÁZQUEZ *retrocede, espantado.*) ¡Lo mató en duelo leal, don Diego! Era un mozo humilde que había ascendido por sus méritos. Un hombre sin cautela, que no podía sufrir la injusticia allí donde la hallaba. Pero mató a su jefe... y tuvo que huir. *(Una pausa.)* Si vive, presumo lo que habrá sido de él. En Lorca se han levantado más de mil hombres contra los impuestos. En la Rioja mataron a dos jueces en febrero por la imposición del vino. En Galicia los labriegos han quemado todo el papel sellado porque han vuelto a gravarles el aceite... En Palencia quemaron la cosecha antes de entregarla... [36] El país entero muere de hambre, don Diego. Y, como en Flandes, le responden con palos, con ejecucio-

---

[36] Los días 5 y 12 de febrero, Barrionuevo habla de «levantamientos en provincias contra los impuestos» y «resistencia en Galicia contra los impuestos» *(Avisos,* I, cit., págs. 246 y 248).

nes... No, no creo que aquel alférez haya permanecido lejos de esos dolores mientras sus fuerzas le hayan alcanzado. Porque debe de ser muy anciano. Estará ya cansado, deseoso de morir tranquilo como un perro en su yacija... Si alguien le amparase, sería su cómplice y correría grave riesgo.

> (*Un gran silencio.* VELÁZQUEZ *lo mira fijamente.*)

VELÁZQUEZ.—Vamos a casa. (PEDRO *llora.* VELÁZQUEZ *se acerca y lo levanta.*) Apoyaos en mí.

> (*Caminan hacia el fondo.*)

PEDRO.—(*Llorando.*) Estoy viejo. Disculpad...

> (*Llegan al fondo.* VELÁZQUEZ *recoge sus prendas y abre la puerta, por la que sale con* PEDRO, *dejándola abierta para seguir sosteniéndolo. Una breve pausa. Las maderas del segundo balcón crujen y se separan. Tras ellas aparece* NICOLASILLO PERTUSATO, *que espía hacia todos lados y al fin sale corriendo. Se detiene un segundo ante el caballete y, con despectivo gruñido, le saca la lengua al boceto. Entonces oye voces. Es la plática confusa que tienen* EL MARQUÉS *y* D.ª MARCELA DE ULLOA *mientras bajan por las escaleras del fondo. Al ver abierta la puerta del obrador, se detienen.*)

D.ª MARCELA.—¡Chist! Está abierto.

> (EL MARQUÉS *se adelanta y echa una ojeada desde la puerta.* NICOLASILLO *se disimula tras el caballete.*)

EL MARQUÉS.—No hay nadie. Gracias por vuestra confidencia, doña Marcela. Confiad en mí.

(*Van a irse.* NICOLASILLO *se adelanta.*)

NICOLASILLO.—Excelencia.

EL MARQUÉS.—(*Retrocede.*) ¿Qué haces tú aquí?

NICOLASILLO.—Deseo hablar con vuecelencia. Es importante.

> (*Se miran. Las cortinas se corren ante ellos y nos trasladan a la casa de* VELÁZQUEZ. *Oscurece. En el balcón de la derecha se ve cruzar a* D.ª ISABEL DE VELASCO *llevando un velón encendido. El interior queda iluminado.* D.ª JUANA *entra por la puerta izquierda con un velón que deja sobre el bufetillo y habla hacia la puerta.*)

D.ª JUANA.—Disponed la mesa. Don Diego no tardará.

> (*Al volverse se encuentra con su marido y con* PEDRO, *que entran por las cortinas.*)

VELÁZQUEZ.—Juana, tomo a este hombre para modelo. Vivirá en casa.

D.ª JUANA.—¿Aquí?

VELÁZQUEZ.—Que dispongan para él la bovedilla y hazle plato de nuestra olla en la cocina.

D.ª JUANA.—(*Estupefacta.*) La bovedilla, Diego, está llena de bultos...

VELÁZQUEZ.—(*Sonríe.*) Por eso es menester que lo hagas sin demora.

> (*Se miran.* D.ª JUANA *quiere negarse y no acierta.*)

D.ª JUANA.—(*Seca.*) Como tú mandes.

(Y sale, roja, por la izquierda.)

PEDRO.—*(Menea la cabeza.)* Don Diego, yo nunca he tenido mujer, ni hijos. Tampoco pudo ser. No me perdonaría que riñeseis con vuestra mujer por mi culpa.
VELÁZQUEZ.—No habrá tal riña y mi familia llegará a ser la vuestra. ¡Por Dios que lo será!
D.ª JUANA.—*(Voz de.)* Ea, vosotras dos a la bovedilla. Sacáis todo y lo dejáis en el corredor. Mañana se verá dónde se pone... ¿Eh?... No es menester fregar el suelo. Metéis el catre pequeño. Las sábanas, morenas... No, tampoco... ¿Un candil? ¿Para que se caiga y nos quememos todos? ¡Ni pensarlo! ¡Ea, subid presto!... *(VELÁZQUEZ ha escuchado con gesto duro. D.ª JUANA entra.)* Si queréis comer, ya tenéis plato en la cocina.
PEDRO.—Dios os pague la caridad, señora.
D.ª JUANA.—Agradecedlo a mi esposo.
PEDRO.—No os mováis, señora. Conozco el camino.

(Sale por la izquierda. VELÁZQUEZ se sienta.)

VELÁZQUEZ.—Te ruego que trates a ese hombre con más agrado.
D.ª JUANA.—¿No es mucho pedir?
VELÁZQUEZ.—Mañana fregarán la bovedilla y le pondrás candil. Quiero también que le des alguna ropa. Está desnudo.
D.ª JUANA.—Si no es más que eso...
VELÁZQUEZ.—Siéntate aquí, Juana.
D.ª JUANA.—Tengo que hacer.

(Va a salir.)

VELÁZQUEZ.—¡Juana! *(D.ª JUANA se detiene, temblándole la barbilla. VELÁZQUEZ se levanta y va a su lado.)*

Tú siempre has sido compasiva... ¿No vas a apiadarte de un poble viejo que no tiene a dónde ir?

D.ª JUANA.—Asustará a los niños...

VELÁZQUEZ.—Es a ti a quien asusta.

D.ª JUANA.—Puede ser un ladrón, puede contagiarnos algún mal.

VELÁZQUEZ.—No tiene otro mal que sus años.

D.ª JUANA.—¡Piénsalo, Diego! ¿Cómo sabes que no es el Enemigo mismo?

VELÁZQUEZ.—¡Juana, voy a prohibirte que hables con nuestro primo!

D.ª JUANA.—¡Estás hechizado, estás embrujado y no lo sabes!

VELÁZQUEZ.—¡No digas locuras!

D.ª JUANA.—*(Grita.)* ¡Despide a ese hombre!

VELÁZQUEZ.—¡No grites! Y escucha: tienes que aprender a estimar a ese hombre porque... porque... es la persona que más me importa hoy en el mundo.

D.ª JUANA.—*(Grita.)* ¿Más que yo?

VELÁZQUEZ.—*(Se oprime con fuerza las manos.)* ¡De otro modo! ¡Yo te aclararé!

D.ª JUANA.—*(Señala llorosa.)* ¡Otra vez tus manos!...

VELÁZQUEZ.—*(Las separa con un gesto casi amenazante.)* ¡Basta!

(Y sale por la izquierda.)

D.ª JUANA.—¡Diego, ten piedad de mí! ¡Despídelo! ¡Te lo pido porque te quiero bien!...

(VELÁZQUEZ vuelve a entrar.)

VELÁZQUEZ.—¿Dónde está?

D.ª JUANA.—En la cocina.

VELÁZQUEZ.—No está allí. Te habrá oído. Habrá salido por el postigo.

(Va a salir.)

D.ª JUANA.—¡Dios lo ha hecho, Diego!

(PEDRO sale por el portal y da unos pasos vacilantes.)

VELÁZQUEZ.—Si no lo encuentro, Juana, nunca te lo perdonaré.
D.ª JUANA.—¡Diego!...
VELÁZQUEZ.—Nunca.

(Sale por la izquierda.)

D.ª JUANA.—*(Toma el velón y sale tras él.)* ¡Diego!...

(PEDRO cruza la escena. Su inseguro caminar denota lo mal que ve.)

PEDRO.—Martín... *(Busca, sin esperanza.)* ¡Martín!

(Se detiene, jadeante. Tras los hierros del balcón de la derecha D.ª ISABEL y D.ª AGUSTINA se reúnen.)

D.ª ISABEL.—La señora infanta se ha dormido. ¡Venid al balcón! *(Salen al balcón.)* Dicen que esta noche ha de verse un globo de fuego sobre Madrid. Lo supo en sueños una monja de San Plácido. [37]

---

[37]   La comunidad de las monjas de San Plácido protagonizó entre 1628 y 1631 uno de los sucesos más ruidosos de los que hubieron de pasar por los tribunales de la Inquisición durante el reinado de Felipe IV, con ser éste prolífico en casos anómalos y de origen sobrenatural. Veinticinco monjas, con la priora y su capellán, fueron procesados bajo acusación de ser «alumbrados». Las monjas declararon en sus deposiciones ante los jueces del Santo Tribunal haber tenido tratos con demonios. Do-

D.ª AGUSTINA.—¿Sí?

D.ª ISABEL.—Es señal cierta de que la señora reina tendrá un hijo varón que reinará en el mundo.

(Miran al cielo.)

D.ª AGUSTINA.—¡Si lo viéramos!...

PEDRO.—¡Martín!...

D.ª ISABEL.—¿Quién es?

D.ª AGUSTINA.—Será un borracho... *(Vuelven a mirar al cielo.* VELÁZQUEZ *sale de su portal y mira a todos lados. Despacio, se acerca a* PEDRO.*)* ¡Mirad!

D.ª ISABEL.—¿Qué?

D.ª AGUSTINA.—¿No es aquello? ¿No es aquello el globo de fuego?

> *(D.ª* JUANA *sale al portal y, alzando el velón, trata de divisar a su marido.)*

D.ª ISABEL.—¡Sí!... ¡Creo que lo veo!...

VELÁZQUEZ.—Volved a casa, Pedro.

PEDRO.—Dejadme, don Diego.

VELÁZQUEZ.—No. Yo no os puedo dejar. Venid. Dadme la mano.

> *(*PEDRO *se la tiende tímidamente. Ante la trastornada mirada de su esposa,* VELÁZ-QUEZ *la oprime, conmovido. Así permanecen un momento, mientras las dos meninas, arrobadas, tratan de ver algo en el cielo.)*

TELÓN

---

mingo Mirra matiza el hecho en *Las alumbradas de la Encarnación Benita,* cit. Información sobre las fuentes documentales, así como el análisis del texto dramático de Miras, puede verse en Virtudes Serrano, *El teatro de Domingo Miras,* Murcia, Universidad, 1991, págs. 221-251.

PARTE SEGUNDA

Antes de alzarse el telón, se oyen las dulces notas de la primera Pavana *de Milán. Es media tarde. La escena central presenta el obrador. La puerta del fondo está entornada. Sentada con su vihuela a la ventana enrejada de la derecha,* D.ª Isabel *se deleita con la música.* Pedro *y* Martín *están sentados en las gradas.* Pedro *viste sencillas y limpias ropas de criado. Con la expresión ausente, mira al vacío*

Martín.—¿La oyes? Parece un canario en su jaula. No las envidio, no: cuando no tocan, bostezan. Así es Palacio. ¿Qué piensas?

Pedro.—En ese cuadro... No podrá pagarse con toda la luz del mundo.

Martín.—*(Irritado.)* ¡No sé cuántas simplezas te tengo oídas ya de ese cuadro! ¿Qué sabes tú de él, si ves menos que un topo?

Pedro.—Pero lo veo.

Martín.—¡Ya me lo trastornaron ahí dentro, damas y caballeros! No hay como llenar la andorga para volverse imbécil. ¿Se te han ido al menos las calenturas?

Pedro.—No se van. Me sangraron pero no sirvió de nada. ¿Y tú, cómo vives?

Martín.—*(Se encoge de hombros y muestra la soga.)* Trabajo en lo de siempre... Poco, porque han vuelto a subir las alcabalas y todo va mal... ¿Te acuerdas de aquella letrilla de los tiempos del conde-duque? Ahora vuelve a decirse.

PEDRO.—¿Cuál?

MARTÍN.—Ya el pueblo doliente
            llega a sospechar
            no le echen gabelas
            por el respirar. [38]

(Ríen. D.ª AGUSTINA *aparece en la ventana enrejada.)*

D.ª AGUSTINA.—[¡Daos prisa!] ¡La infantita despertó de su siesta!

D.ª ISABEL.—Vamos.

(Se levanta y desaparecen las dos.)

PEDRO.—¿Quieres que hable por ti a don Diego?

MARTÍN.—Más adelante... Todavía me defiendo.

(Se levanta.)

PEDRO.—Vuelve después. Tendré algo para ti.

(Se levanta. Se encaminan los dos al portal. D.ª JUANA *asoma al balcón.)*

D.ª JUANA.—¡Pablo!

---

[38]   La letrilla que recita Martín está compuesta a partir de dos versos del «Memorial» dirigido a Felipe IV, atribuido a Quevedo: «Y el pueblo doliente llega a recelar / no le echen gabela sobre el respirar».

PEDRO.—Voy, señora.

(D.ª JUANA *los mira suspicaz y se retira.*)

MARTÍN.—Ya te han puesto el pesebre, ¿eh?

(Se relame.)

PEDRO.—No me quiere bien. Es buena... Pero tonta. Yo sí la quiero bien.

MARTÍN.—Ríete de lo demás si te ponen el pesebre.

PEDRO.—Lo demás... Martín, yo hubiera dado cualquier cosa por tener una mujer como ella.

MARTÍN.—*(Se lleva las manos a la cabeza.)* ¡Loco de atar! ¿A tus años piensas en casorios? ¡No se te puede oír con calma! ¡Le quitas la paciencia a un santo!...

> *(Se va por la izquierda rezongando.* PEDRO *entra en el portal. Poco antes, con aire sigiloso,* NICOLASILLO PERTUSATO *abrió la puerta de la izquierda y entró en el obrador. De puntillas, se dirige al fondo cuando baja las escaleras corriendo* MARI BÁRBOLA *y se asoma.)*

MARI BÁRBOLA.—¿Dónde te has metido? La señora infantita nos llama.

NICOLASILLO.—¡Chist! *(Le hace señas de que se acerque.* MARI BÁRBOLA *llega a su lado.)* El señor marqués ha dado licencia a los pintores y ha puesto guardia en las dos salidas al corredor: la de acá *(Señala la puerta de la izquierda.)* y la de allá.

(Señala a la puerta izquierda del fondo.)

MARI BÁRBOLA.—¿Y eso, qué? También la hay siempre en aquella puerta.

(Señala a la derecha del fondo.)

NICOLASILLO.—En el corredor nunca la ponen.

MARI BÁRBOLA.—Habrá nuevas órdenes.

NICOLASILLO.—¡Alemana tenías que ser! ¡Si hay nuevos centinelas es que hay nuevas órdenes!...

[MARI BÁRBOLA.—¡Ah, ya comprendo! Don Diego va a empezar su cuadro y no quiere que le interrumpan.

NICOLASILLO.—Para eso no echarían a los pintores. Con cerrar esa puerta...

MARI BÁRBOLA.—¿Entonces?

NICOLASILLO.—] Aquí va a suceder algo... con don Diego. Quizá quieran prenderle.

MARI BÁRBOLA.—*(Después de un momento.)* ¡Tú sabes algo!

NICOLASILLO.—¡Calla!

> *(Se vuelve y señala a la puerta por donde salió. Ésta se abre y entra* EL REY, *acompañado del dominico.)*

EL REY.—¿Qué hacéis aquí? *(Un silencio.)* Fuera. No vengáis por acá en toda la tarde.

NICOLASILLO.—¡Uh!...

EL REY.—¿A qué viene eso?

NICOLASILLO.—¡¡Uh!!...

> *(Los dos enanos saludan y salen corriendo. Se les ve subir las escaleras y desaparecer. EL REY se les queda mirando.)*

EL REY.—Anoche tuve un mal sueño, reverendo padre... *(Gesto interrogante del fraile.)* Sí: me veía en un salón lleno de pinturas y espejos y... al fondo... estaba Velázquez tras una mesa. Tocó una campanilla y alguien me empujaba hacia él... Yo iba medio desnudo, pero me veía al pasar ante las lunas ataviado con el manto real y la corona... Cuando ya estaba cerca, vi que la altura de mi pintor de cámara era enorme... Semejaba un Goliat, y su gran cabeza me sonreía... Al fin, levantó una mano de coloso y dijo: Nicolasillo y tú tenéis que crecer. Desperté entre sudores. *(Sonríe.)* ¡Añagazas de Satanás para turbar la serenidad de mi juicio!... Tranquilizaos, padre. Vuestras paternidades han sido muy generosos poniendo este caso en mis manos y lo examinaré con el rigor que nuestra Santa Religión pida... Tanto más, cuanto que don Diego deberá responder hoy de alguna otra imputación no menos grave. ¡Sí! ¡Tal vez ha llegado su hora!

> *(El dominico y él se vuelven hacia el fondo al oír la voz del* MARQUÉS, *que aparece en la puerta.)*

EL MARQUÉS.—¿Sabéis la contraseña?

CENTINELA.—*(Voz de.)* Sí, excelencia.

EL MARQUÉS.—Decidla.

CENTINELA.—*(Voz de.)* Desde que vuecelencia lo disponga, nadie entrará por esta puerta sin licencia expresa de vuecelencia, salvo sus majestades y el pintor Velázquez.

EL MARQUÉS.—Cúmplase ya. *(Entra y hace la reverencia.)* Todo dispuesto, señor.

EL REY.—¿Habéis puesto guardias en las puertas?

EL MARQUÉS.—Creí cumplir así con la discreción que vuestra majestad me ha encarecido.

EL REY.—Pues parece que las hubierais puesto para que se corriera la voz.

EL MARQUÉS.—Vuestra majestad eligió este aposento por creerlo más discreto...

EL REY.—Pero no hablé de guardia alguna. Habría bastado con cerrar las puertas. La guardia del corredor ha dado ya que sospechar. *(Señala a la izquierda.)* Por allí pasean ahora, o miran al patio, don José Nieto Velázquez, doña Marcela de Ulloa, Manuel de Gante y otros hombres de placer.

EL MARQUÉS.—[Como les separa de este aposento otro donde nada sucederá, nada podrán colegir. Pero] si vuestra majestad lo quiere, retiraré la guardia.

EL REY.—*(Lo mira fríamente.)* Dejadlo estar. No más movimientos.

EL MARQUÉS.—Bien, señor. El maestro Nardi aguardará en el obrador contiguo por si vuestra majestad requiere su presencia.

EL REY.—Si al final fuera menester, iréis vos a buscar también de orden mía a su alteza real.

EL MARQUÉS.—Sí, majestad. [¿Puedo saber ya, señor, cuál es la principal acusación que ha dado ocasión a este examen?

(EL REY *y el dominico se miran.* EL MARQUÉS *lo advierte.)*

EL REY.—Pues que estaréis presente, ya lo sabréis.

EL MARQUÉS.—Lo pregunto, señor, porque la ocasión podría ser excelente para aclarar al tiempo todos los errores y delitos del «sevillano».

EL REY.—Poned más caridad en vuestras palabras y no habléis de delitos, sino de errores.

EL MARQUÉS.—Con el mayor respeto, señor, mantengo mis palabras.] Y si vuestra majestad da su venia, el examen de esta tarde no se reducirá a la acusación principal, ni al otro peligro que me honré en señalar a vuestra majestad. Preveo que podré traer además una tercera y muy grave imputación.

EL REY.—Nada me habéis dicho...

EL MARQUÉS.—*(Con el brillo del triunfo en los ojos.)* Porque aún no debo afirmar nada, señor; pero aguardo informes.

(VELÁZQUEZ *aparece en el fondo.* EL REY *lo ve.*)

EL REY.—Acercaos, don Diego.

(VELÁZQUEZ *se inclina, cierra y llega hasta* EL REY, *ante quien se arrodilla.* EL REY *lo alza.*)

VELÁZQUEZ.—Señor...

EL REY.—He de hablar con mi pintor de cámara. *(El dominico y* EL MARQUÉS *se inclinan y salen por la izquierda, cerrando tras sí.* EL REY *pasea.)* Don Diego, he sido vuestro amigo más que vuestro rey. Pero se me han hecho contra vos cargos muy graves y ahora es el rey quien os habla. Dentro de media hora compareceréis aquí para responder de ellos. *(Suave.)* Mucho me holgaré de que acertéis a desvanecerlos.

VELÁZQUEZ.—*(Intranquilo.)* Puedo responder ahora si vuestra majestad lo desea.

EL REY.—Han de estar presentes otras personas.

VELÁZQUEZ.—Empiezo a comprender, señor. Entretanto, la guardia cubrirá las puertas.

EL REY.—¿Qué queréis decir?

VELÁZQUEZ.—Quiero decir, señor, que van pareciéndome las solemnidades de un proceso.

EL REY.—Es una plática privada.

VELÁZQUEZ.—Con testigos.

EL REY.—No es esa la palabra.

VELÁZQUEZ.—Con acusadores.

EL REY.—No, no...

VELÁZQUEZ.—Vaya. Con jueces.

EL REY.—¡Os he dicho que no es un proceso! Es...

VELÁZQUEZ.—¿Un examen, señor?

EL REY.—Así suele llamarse.

(Una pausa.)

VELÁZQUEZ.—Vuestra majestad me amparó hasta hoy de las insidias de mis enemigos. Tal vez algún malvado ha logrado sorprender ahora la buena fe de vuestra majestad y...

EL REY.—*(Irritado.)* ¿Me creéis un necio?

(Va a sentarse al sillón.)

VELÁZQUEZ.—*(Baja la cabeza.)* Perdón, señor. Ya veo que he perdido la confianza de vuestra majestad.

EL REY.—*(Baja la voz.)* Nunca la tuvisteis.

VELÁZQUEZ.—¡Señor!

EL REY.—No, porque... nunca he logrado entenderos. *(Un silencio.)* Nadie nos oye, salvo Dios, don Diego. Interrogad a vuestra conciencia. ¿No tenéis nada de qué acusaros?

VELÁZQUEZ.—*(Después de un momento.)* Esperaré a saber los cargos, señor. ¿Debo permanecer aquí hasta entonces?

EL REY.—*(Con involuntario afecto.)* Quizá podáis ir antes a vuestra casa... si me prometéis volver a tiempo. Es el amigo quien os lo concede... *(Se irrita súbitamente.)* ¡Mas no! *(Se levanta.)* ¡Aún no sé si debo concederlo! ¡Cuando pienso que fingís ante vuestro soberano una pureza que... que...!

VELÁZQUEZ.—¡Señor!

EL REY.—Dejadme pensar.

> *(Lo ha dicho yendo bruscamente al balcón, ante el que se aposta, perplejo y agitado. VELÁZQUEZ, a sus espaldas, se pasa la temblorosa mano por la frente tratando de comprender. La infanta MARÍA TERESA salió al balcón de la derecha y llama a al-*

guien que hay dentro. MARI BÁRBOLA *sale a su vez.)*

MARÍA TERESA.—No quiero que nos oigan ahí dentro.
MARI BÁRBOLA.—Me lo ha dicho Nicolasillo. Él cree que es algo contra «el sevillano». El señor marqués no disimula su gozo y todos sabemos que no le quiere bien. Ha sido él quien ha dispuesto la guardia.

(*La infanta mira al vacío, indecisa. La enana espera.*)

VELÁZQUEZ.—No alcanzo en qué he podido ofender a vuestra majestad.
EL REY.—¡Callad!
MARÍA TERESA.—¿Quién podría ayudarte, Mari Bárbola?
MARI BÁRBOLA.—¿Nicolasillo?
MARÍA TERESA.— No. Otra pequeñuela como tú... Catalina Rizo, que me es muy fiel. Dile que vigile en el corredor abierto. Tú irás a la escalera... Me iréis diciendo todos los que entran y salen. ¡Ve!
MARI BÁRBOLA.—Sí, alteza.

(*Escapa corriendo. La infanta, turbada, mira al vacío.*)

EL REY.—(*Sin volverse.*) Os concedo media hora. Aprovechadla bien.
VELÁZQUEZ.—¿Vuestra majestad no me daría el menor indicio de la acusación que se me hace?
EL REY.—(*Se vuelve.*) Id a vuestra casa. (*La infanta se retira del balcón.* VELÁZQUEZ *se inclina y retrocede. A la segunda reverencia,* EL REY, *sin mirarlo, le habla.*) ¿Os atreveríais a destruir alguna pintura vuestra, don Diego?

VELÁZQUEZ.—*(Se le dilatan los ojos y suspira. Empieza a entender.)* Mal podría hacerlo si ya no está en mi poder, señor...

EL REY.—Me refería al caso de que lo estuviese. Mas no respondáis. Id a vuestra casa.

VELÁZQUEZ.—*(Ha comprendido.)* ¡Gracias, señor! Con la venia de vuestra majestad.

> *(Vuelve a inclinarse y retrocede. Las cortinas se corren ante ellos y presentan la casa de* VELÁZQUEZ. *El centinela borgoñón cruza despacio de izquierda a derecha.* D.ª JUANA *sale por la puerta izquierda seguida de* MAZO. *Trae en las manos la bandeja con el servicio de agua y la deja en el bufetillo.)*

D.ª JUANA.—No lo volváis a pedir.

MAZO.—Ayer me concedisteis subir a verla.

D.ª JUANA.—Hice mal. Esa pintura no deberá volverla a ver nadie.

MAZO.—Pero los que ya la hemos visto...

D.ª JUANA.—¡Menos aún! *(Se acerca a la derecha y atisba por las maderas del balcón.)* Contra la pared hasta que todos nos muramos. Así debe estar.

> [(VELÁZQUEZ, *con espada, sombrero y ferreruelo, aparece por la derecha, sombrío. En el centro de la escena se detiene un segundo y mira a su casa. La infanta* MARÍA TERESA *asoma junto a los vidrios del balcón y, sin salir a él, lo mira con recatada pero intensa atención. Junto a ella,* MARI BÁRBOLA. VELÁZQUEZ *prosigue su camino y entra en el portal. La infanta se asoma algo más para verlo ir con ojos angustiados.)*

MARÍA TERESA.—¡Vuelve a tu puesto!
MARI BÁRBOLA.—Sí, alteza.

> (*Se va. La infanta se retira tras ella.*
> D.ª JUANA] *se vuelve hacia su yerno.*)

[D.ª JUANA.—] ¿Sabéis que también se la ha enseñado
a ese hombre?
MAZO.—¿A Pablo?
D.ª JUANA.—Algo le sucede a mi esposo.

> (PAREJA *entra por las cortinas.*)

PAREJA.—¡Mi señor don Diego ha vuelto, señora!
D.ª JUANA.—¿A estas horas? (VELÁZQUEZ *entra por
las cortinas y mira a todos.* D.ª JUANA *corre a su lado.*)
¿Te sientes mal? ¡Traes mala cara!

> (PAREJA *va a retirarse.*)

VELÁZQUEZ.—No te vayas, Juan. ¿Están los niños?
MAZO.—Salieron al Jardín de la Priora con la dueña.
VELÁZQUEZ.—¿Y los criados?
D.ª JUANA.—Arriba. Pablo está en la cocina. ¿Qué te
sucede?

> (VELÁZQUEZ *se sirve un búcaro de agua y
> bebe.*)

VELÁZQUEZ.—*(A* PAREJA.*)* Empezaré por ti, Juan.
¿Has hablado con alguien del cuadro que he pintado
arriba?
PAREJA.—¿Yo, señor?

> (D.ª JUANA *se aparta, inquieta.*)

VELÁZQUEZ.—Recuerda bien: alguna palabra imprudente que se te hubiese escapado...

PAREJA.—Sólo con vuestro yerno, señor.

VELÁZQUEZ.—Júramelo.

D.ª JUANA.—¡Diego! ¿Tan grave es el caso?

VELÁZQUEZ.—¿Lo juras?

PAREJA.—¡Lo juro por mi eterna salvación, señor!

VELÁZQUEZ.—*(A* MAZO.*)* ¿Tampoco tú has hablado, hijo mío?

MAZO.—Con nadie... salvo con los aquí presentes.

VELÁZQUEZ.—A ti no debiera preguntártelo, Juana.

MAZO.—*(Airado.)* ¡Don Diego!

VELÁZQUEZ.—¡No admito ese tono! Sólo vosotros tres sabíais de esa pintura. Uno de vosotros ha hablado.

D.ª JUANA.—También se la has enseñado a Pablo...

VELÁZQUEZ.—No sabes lo que dices.

MAZO.—Con el mayor respeto, don Diego... Nos ofendéis desconfiando de nosotros y no de él.

VELÁZQUEZ.—*(Con amarga sonrisa.)* Es justo. Él oirá todo esto. ¡Pablo!...

D.ª JUANA.—¡Diego, no vas a traerlo aquí!...

> *(Pero* VELÁZQUEZ *sale por la izquierda y se le oye llamar a* PABLO *de nuevo. Todos se miran.* D.ª JUANA *va a sentarse al sillón.* VELÁZQUEZ *vuelve con* PEDRO.*)*

VELÁZQUEZ.—Pablo: ¿con quién habéis vos hablado del cuadro que os enseñé arriba?

PEDRO.—Con vos nada más.

VELÁZQUEZ.—Doña Juana preferiría que lo juraseis.

D.ª JUANA.—¡Yo no he dicho eso!

PEDRO.—Doña Juana no daría crédito al juramento de un pobrete. Pero vos sabéis que yo no he hablado.

VELÁZQUEZ.—Cierto que lo sé. *(A los demás.)* Tengo poco tiempo y he de averiguar quién miente de vosotros antes de volver a Palacio. Quien haya sido que nos ahorre a todos tanta vergüenza. *(Un silencio.)* ¿Nadie? *(Va junto a* JUANA, *que lo ve llegar trémula.)* ¿Tú no te has separado de la llave, Juana?

D.ª JUANA.—No...

VELÁZQUEZ.—Nadie puede haberlo visto: ni los criados, ni los nietos...

D.ª JUANA.—*(Con un hilo de voz.)* Nadie.

(Una pausa.)

VELÁZQUEZ.—¿Por qué me aborrecías tú en Italia, Juan?

PAREJA.—¿Qué decís, señor?

VELÁZQUEZ.—Digo que me odiabas al final de nuestro viaje a Italia, y te pregunto el porqué.

PAREJA.—¡Siempre os he amado como a mi bienhechor que sois!

VELÁZQUEZ.—Siempre, no. Estás mintiendo, luego puedes haber sido tú. *(Iracundo.)* ¿Has sido tú?

PAREJA.—¡He jurado, mi amo!

(VELÁZQUEZ llega a su lado entre la ansiedad de los demás. D.ª JUANA *se levanta.)*

[VELÁZQUEZ.—¿Cómo puedo creerte, si me mientes?

PAREJA.—No, mi amo...]

VELÁZQUEZ.—¡Ah, no olvidas la palabra! [¡Has sido esclavo demasiados años!] Tenías un amo generoso, pero era un amo. Y le odiaste.

PAREJA.—¡No, no!

VELÁZQUEZ.—¡Y acaso me has hecho pagar ahora un largo rencor que te devoraba! ¡Ahora que te había libertado, me apuñalas!

PAREJA.—*(Cae de rodillas ante él; intenta en vano besarle las manos.)* Perdón, señor. ¡He mentido, he mentido y nunca debí mentiros!...

(Las ahogadas exclamaciones de los demás subrayan sus palabras.)

VELÁZQUEZ.—¡Confiesa ya!

PAREJA.—Sí, sí, mi señor... Cierto que os aborrecí... Pero no os he traicionado: ¡por Jesucristo vivo que no!

VELÁZQUEZ.—¿Por qué me odiabas?

PAREJA.—Perdón, señor, perdón...

VELÁZQUEZ.—*(Lo zarandea rudamente.)* ¡Habla!

PAREJA.—Por... aquella moza de Roma.

VELÁZQUEZ.—*(Desconcertado.)* ¿Qué moza?

PAREJA.—Aquella que os sirvió de modelo... Era... lo más bello que había encontrado en mi vida... Yo hubiera dado por ella todo, todo... Y si ella me hubiese mandado apuñalaros, entonces sí..., entonces lo habría hecho... Pero se mofaba de mí. Era una ramera y me despreciaba. Me llamaba negro, monstruo..., mientras os daba a vos todos sus favores.

VELÁZQUEZ.—¿Qué dices?

PAREJA.—Vos le agradabais... Mucho... Ella misma me lo dijo..., y yo... sufría. Vos erais el más grande de los pintores; yo era un aprendiz. Vos erais libre y apuesto; yo feo y esclavo... Yo moría por ella y vos... Vos...

VELÁZQUEZ.—Yo, ¿qué?

PAREJA.—Vos la teníais sin esforzaros.

D.ª JUANA.—¡Diego!...

VELÁZQUEZ.—*(A* PAREJA.*)* ¿Has creído eso?

PAREJA.—*(En un alarido de suprema sinceridad.)* ¡Y lo sigo creyendo!...

(Solloza, caído. Un corto silencio.)

VELÁZQUEZ.—Y ahora te has vengado.

PAREJA.—¡Eso no! ¡Yo no he sido! ¡Yo moriría por vos! ¡Mi amo! ¡Mi amo!...

VELÁZQUEZ.—Levanta. ¡Ea, levanta!

(PAREJA *se levanta y se aparta, sumido en su dolor.*)

PEDRO.—Mala cosa, la esclavitud.

MAZO.—¿No puede callar este hombre?

VELÁZQUEZ.—¡Este hombre dirá cuanto le plazca, porque él no ha sido! ¿Puedes tú decir lo mismo?

MAZO.—¡Me ofendéis!

D.ª JUANA.—¿Qué ha sucedido, Diego?

(*Una pausa.*)

VELÁZQUEZ.—He sido denunciado al Santo Oficio.

D.ª JUANA.—(*Grita.*) ¿Qué?

MAZO.—¿Por esa pintura?

VELÁZQUEZ.—Por esa pintura.

D.ª JUANA.—¿Qué pueden hacerte?

VELÁZQUEZ.—Pronto lo sabré. Esta tarde voy a ser juzgado.

D.ª JUANA.—(*Se retuerce las manos.*) ¿Esta tarde?

VELÁZQUEZ.—Quien me haya traicionado, que lo diga. Tendré en cuenta que soy yo el culpable: nunca se debe confiar en nadie. Juan, si has sido tú, te perdono. O tú, hijo mío. Quizá por una ligereza, por el deseo de contar algo que nos ha sorprendido...

MAZO.—Aunque me duela, no intentaré disipar vuestra sospecha. También yo sospecho lo que os obstináis en no admitir. (*Señala a* PEDRO.) Mas ya no es tiempo de aclarar nada sino de ayudaros. Os ofrezco mi humilde ayuda y os ruego que la aceptéis. Es lo menos que puedo hacer por vos, a quien todo lo debo. Si alguien debe salvarse, sois vos.

VELÁZQUEZ.—¿Cómo?

MAZO.—Consentid que yo me declare el autor de esa obra.

(A VELÁZQUEZ *le cambia la expresión súbi-*
tamente.)

VELÁZQUEZ.—*(Frío.)* ¿Qué es eso, hijo mío? ¿La
prueba de que no has sido tú o el remordimiento de haber
sido tú?

MAZO.—Pensad lo que gustéis y aceptadlo.

(*Angustiadísima*, D.ª JUANA *vuelve a sen-*
tarse.)

VELÁZQUEZ.—Pienso otra cosa... Pienso que te dicen
mi émulo y que te halagan afirmando que tus obras parecen mías...

MAZO.—He procurado aprender de vos.

VELÁZQUEZ.—*(Alza la voz.)* Y también has alardeado
por los corredores de Palacio de que nada tenías que
aprender ya de tu maestro. (MAZO *baja los ojos.*) En Palacio todo se sabe, hijo... ¡Pero aún no has aprendido lo
necesario para pintar un cuadro como ése! ¡No, Bautista!
¡Ni aunque fueses a responder por mí! ¡Cuadros así nunca
serán tuyos aunque lo quieras con toda tu alma!

MAZO.—*(Muy turbado.)* ¡Maestro!

VELÁZQUEZ.—*(Con asco.)* ¡Calla! *(Los mira a todos.)*
Mala cosa es ser hombre, Pablo. Casi todos son esclavos
de algo.

PEDRO.—Sí. Los hombres... y las mujeres.

(*De improviso*, D.ª JUANA *rompe a llorar.*
VELÁZQUEZ *la mira y comprende súbita-*
mente. Se acerca. Ella lo mira a los ojos y
arrecia en sus sollozos.)

VELÁZQUEZ.—*(A los hombres.)* Pasad al estrado.

(MAZO *y* PAREJA *salen por el centro de las*
cortinas.)

PEDRO.—Yo estaré mejor en la cocina, don Diego.

(Y sale por la izquierda.)

VELÁZQUEZ.—Conque has sido tú.

D.ª JUANA.—¡No puedo creer que él te haya denunciado!

VELÁZQUEZ.—¿Él?... *(Se da una palmada en la frente.)* Si seré necio. Nuestro primo José, es claro.

D.ª JUANA.—No puede haber hablado. Te debe tanto...

VELÁZQUEZ.—Por eso mismo. ¿Le enseñaste la pintura?

D.ª JUANA.—*(En voz queda.)* Sí. ¡Pero lo hice para ayudarte, Diego!

VELÁZQUEZ.—¿Estás segura?

D.ª JUANA.—¿Dudas de mí?

VELÁZQUEZ.—*(La mira fijamente.)* Eres tú quien duda.

D.ª JUANA.—¿Yo?

VELÁZQUEZ.—Lo denuncia tu voz. No sabes si has desobedecido a tu esposo para ayudarle o para hacerle daño.

D.ª JUANA.—¿Yo? ¿A ti?

VELÁZQUEZ.—Qué insoportable duda, ¿eh? Al enseñar el cuadro te lo repetías: ¡Estoy ayudando a mi Diego, lo estoy ayudando! Querías ver si acallabas otra voz que te decía: Hazle un poco de daño... [Sin excederte. Pero que sufra...] También tú sufres por él, que te ha ofendido con esa mujer y con otras...

D.ª JUANA.—*(Se tapa los oídos.)* ¡Calla, calla!

VELÁZQUEZ.—La verdad siempre duele. *(Suspira.)* No te culpo, mujer. Has llegado a una edad propicia a esas locuras... Debí preverlo.

D.ª JUANA.—Eres cruel... Olvidas lo poco que tú me has ayudado... Me humillabas encerrándote con esa ramera; desde Italia me vienes humillando... Sólo piensas en tu pintura, sin querer ver que a tu lado penaba una mujer que envejecía... y que te ha sido fiel.

VELÁZQUEZ.—¿Y nunca has pensado en que tú podías ser la culpable?

D.ª JUANA.—¿Yo?

VELÁZQUEZ.—Cuatro años llevábamos casados y éramos como dos niños felices... Te pedí algo que tú me negaste. No volví a pedírtelo.

D.ª JUANA.—¿De qué hablas?

VELÁZQUEZ.—Te pedí que me sirvieras de modelo para pintar una Venus. Y te negaste... Sobresaltada, turbada, disgustada conmigo por primera vez...

D.ª JUANA.—*(Cuya cara acusó el súbito recuerdo.)* Una mujer honrada no puede prestarse a eso. Mi propio padre lo decía y era pintor.

VELÁZQUEZ.—*(Con desprecio.)* Era un mal pintor.

D.ª JUANA.—¡Atentabas contra mi honor, contra mi pudor!

VELÁZQUEZ.—Yo era tu esposo. [Mas de nada sirvió razonarte, aclararte... Tropecé con un muro.

D.ª JUANA.—Nunca debiste pensar en tales pinturas.

VELÁZQUEZ.—*(Iracundo.)* ¡Yo era pintor!]

D.ª JUANA.—¡Ningún pintor español ha hecho eso!

VELÁZQUEZ.—¡Lo he hecho yo! No te sorprendas si, al negarte tú, he debido buscar otros modelos. Si hubieses accedido te habría pintado cuando aún eras joven y ahora serías una esposa alegre y tranquila, sin dudas ni penas.

D.ª JUANA.—*(Después de un momento.)* Y desde entonces... ¿ya no me amas?

VELÁZQUEZ.—*(Se acerca y le acaricia los cabellos.)* Te seguí queriendo, Juana. Tanto que... me era imposible ofenderte con ninguna otra mujer. Te he sido fiel: en Italia y aquí. Pero hube de resignarme a que no entendieras. *(D.ª JUANA llora.)* No te guardo rencor, Juana... Has sido una compañera abnegada, a pesar de todo. Mas ya no puedo fiar en ti.

(Se aleja. Ella se levanta y corre a su lado.)

D.ª JUANA.—¡Sí, sí que puedes! Dame otra prueba de tu confianza y lo verás. *(Una pausa.)*

VELÁZQUEZ.—Voy a dártela. *(Baja la voz.)* En Italia pinté otras dos de esas peligrosas diablesas.

D.ª JUANA.—¡Siempre Italia!...

VELÁZQUEZ.—Están en dos palacios de Madrid. Nadie lo sabe, salvo sus dueños. Eso ya no se lo dirás a Nieto...

D.ª JUANA.—¡No, no!...

VELÁZQUEZ.—Ya ves que... aún te quiero.

D.ª JUANA.—Diego...

(Lo estrecha en un tímido intento de abrazo que él tolera.)

VELÁZQUEZ.—Dame la llave.

D.ª JUANA.—*(Presurosa, saca la llave de su llavero.)* ¡Sí, sí! ¡Destrúyelo y yo lo quemaré! Podrás decir que ya no existe, que fue sólo un estudio...

[VELÁZQUEZ.—*(Se guarda la llave.)* Ese cuadro no será destruido.

D.ª JUANA.—Pero Diego, ¿y si vienen?]

VELÁZQUEZ.—¡Ese cuadro no será destruido mientras yo pueda impedirlo! Te tomo la llave para que no lo hagas tú.

D.ª JUANA.—*(Deshecha.)* ¿Qué va a ser de ti?

VELÁZQUEZ.—Entre nosotros nunca se sabe cuál será el castigo... Si una reprimenda o la coroza de embrujado.

(Se golpea con furia la palma de la mano con el puño de la otra.)

D.ª JUANA.—*(Tímida.)* Diego, estoy contigo...

(Él se vuelve despacio a mirarla con una sonrisa de fatal superioridad que es su amarga fuerza. Durante un momento la

*mira en silencio. Su faz es absolutamente
serena.)*

VELÁZQUEZ.—Cálmate. Ya no sufro.

D.ª JUANA.—Sí sufres, sí...

VELÁZQUEZ.—No, porque miro. Y es maravilloso.

D.ª JUANA.—¿El qué?

VELÁZQUEZ.—No te muevas...

D.ª JUANA.—*(Se percata de que es ahora el pintor
quien la mira y grita:)* ¡Ah... ¡No te comprendo! ¡Nunca
podré!

> *(Y sale, convulsa, por las cortinas.* VELÁZ-
> QUEZ *alza las cejas en un gesto desdeñoso.*
> PEDRO *aparece por la izquierda.)*

VELÁZQUEZ.—[*(Ríe.)* Pedro, ¿es verdaderamente horrible el mundo? *(*PEDRO *no le contesta. A* VELÁZQUEZ *se
le nubla el rostro.)* Perdonad. Me basta veros para saber
que sí.] Temblé por vos en Palacio: creí un momento que
os habían descubierto. Luego comprendí que el rey hablaba de mi pintura. *(Se acerca.)* Voy a intentar algo
nuevo, Pedro: que me enfrenten con mis acusadores. Si lo
consigo, quizá gane la partida. Si no..., quizá no nos vol-
vamos a ver.

PEDRO.—Llevaos estas palabras mías por si fuesen las
últimas que me oyeseis. *(Le estrecha la mano.)* Puesto
que vais a enfrentaros con la falsía y la mentira, mentid si
fuera menester en beneficio de vuestra obra, que es verdadera. Sed digno, pero sed hábil.

VELÁZQUEZ.—Gracias.

> *(Se suelta y sale, rápido, por las cortinas.)*

PEDRO.—Buena suerte...

(Alza los hombros en un gesto resignado. Una pausa. Por las cortinas entra D.ª JUANA *reprimiendo con dificultad las muecas que le pone en el rostro su mente sobreexcitada.)*

D.ª JUANA.—Yo haré todo lo que él me diga; todo. Si él os quiere bien, yo también os quiero bien, Pablo: decídselo.

PEDRO.—Calmaos, señora.

D.ª JUANA.—Cuando vuelva, vos me ayudaréis a recobrarlo. *(Humilde.)* Yo... os lo suplico.

PEDRO.—Lo procuraré, señora... Calmaos...

D.ª JUANA.—Voy por vuestro pan. Os daré media hogaza: sé que lo compartís con un pobretico y no es justo que comáis menos... A Diego no le agradaría.

(Sale por la izquierda. PEDRO *menea la cabeza, apiadado.* VELÁZQUEZ, *en atuendo de calle, sale del portal seguido de* MAZO *y* PAREJA. *Cruzan. Antes de salir por la derecha,* VELÁZQUEZ *se detiene un segundo y torna la mirada a su casa. En ese momento* PEDRO *se toma una mano con la otra, en un gesto apenado.)*

VELÁZQUEZ.—Vamos.

(Salen. Por la izquierda entra MARTÍN *y va a sentarse a los peldaños. Se rasca, bosteza; escudriña su zurrón en vano.* D.ª JUANA *vuelve con media hogaza.)*

D.ª JUANA.—Tomad.

PEDRO.—Gracias, señora. Saldré un ratico... Vos querréis estar sola.

D.ª JUANA.—Sí, sí: salid y entrad siempre que os plazca.

PEDRO.—Con vuestra licencia, señora.

*(Se inclina y sale por las cortinas. D.ª JUA-
NA se hinca súbitamente de rodillas y se
santigua. Las cortinas del primer término
se cierran ante ella. Por la derecha entran
un ALCALDE DE CORTE y dos ALGUACILES.
MARTÍN se sobresalta al verlos, pero decide
no moverse.)*

ALGUACIL 1.º—*(Por MARTÍN.)* ¿No será éste?
ALGUACIL 2.º—Este es Martín; un pícaro que fre-
cuenta las covachuelas.
EL ALCALDE.—El otro no usa barba. Entremos.

*(Se dirige al portal. Antes de llegar, aparece
en él PEDRO. Se detienen y lo miran; un gesto
de asentimiento se cruza entre ellos. MARTÍN
se ha levantado y no los pierde de vista. Los
ALGUACILES se acercan por ambos lados a
PEDRO y EL ALCALDE le sale al paso.)*

PEDRO.—*(Que trata de distinguir los raros movimien-
tos que percibe.)* ¿Eh? ¿Qué...?
EL ALCALDE.—¿Sois vos el llamado Pedro Briones?
PEDRO.—No sé de qué me habláis.

*(Intenta seguir, pero el ALGUACIL 1.º le
toma de un brazo.)*

EL ALCALDE.—Pedro Briones, daos preso en nombre
del rey.

*(D.ª AGUSTINA se asoma al balcón, curiosa,
y hace señas hacia el interior. No tarda en
acompañarla D.ª ISABEL. PEDRO forcejea y
se le escapa la media hogaza, que rueda por
el suelo. Los dos ALGUACILES lo aferran.)*

PEDRO.—¡Soltadme!

ALGUACIL 2.º—¡Quieto!

EL ALCALDE.—¡No hagáis resistencia! Vamos.

> *(Se encamina hacia la derecha seguido de los dos* ALGUACILES, *que llevan con dificultad a* PEDRO. *En el centro de la escena* PEDRO *consigue desasirse y retrocede unos pasos, jadeante.)*

PEDRO.—¡No! ¡No!

> *(Y huye por la izquierda. El* ALGUACIL 1.º *desenvaina rápidamente su espada y corre tras él seguido del* ALGUACIL 2.º*)*

EL ALCALDE.—¡Echadle mano, necios!

ALGUACIL 1.º—*(Voz de.)* ¡Teneos!

EL ALCALDE.—*(Va tras ellos.)* ¡No resistáis a la justicia! ¡A ése! ¡En nombre del rey!...

ALGUACIL 2.º—*(Voz de.)* ¡Alto!...

> *(Las voces de los* ALGUACILES *se alejan.* MARTÍN *recoge el pan y sigue mirando, despavorido, la huida de* PEDRO.*)*

D.ª ISABEL.—¿Quién huye?

D.ª AGUSTINA.—No sé. Salía de la Casa del Tesoro. *(A* MARTÍN, *que tiembla.)* ¡Chist! ¡Chist! *(*MARTÍN *las mira.)* ¿Quién era?

MARTÍN.—Yo no sé nada...

> *(Se oye aún un «¡Alto!» muy lejano. Titubeante,* MARTÍN *sale por la izquierda mirando la persecución.)*

[D.ª ISABEL.—Algún ladrón.]

D.ª AGUSTINA.—Está Madrid plagado de truhanes. Entremos.

> *(Se retiran del balcón. La luz general decrece y se concentra sobre las cortinas dejando las fachadas en penumbra. Las cortinas se descorren despacio y dejan ver el obrador. El caballete y su lienzo se han retirado a la pared; todas las puertas están cerradas. A la altura del primer panel se ha dispuesto un sillón y dos sillas a sus lados. La impresión no llega a ser la de un tribunal: los tres asientos no están exactamente en línea recta. En el centro está sentado EL REY. A su derecha, el dominico. A su izquierda, EL MARQUÉS. Despojado de sus prendas de calle, VELÁZQUEZ entra por el primer término de la izquierda, se acerca y se arrodilla.)*

EL REY.—Alzaos, don Diego. *(VELÁZQUEZ se levanta.)* El Santo Oficio ha recibido una denuncia contra vos. En su gran caridad y por la consideración que vuestros servicios a la Corona merecen, ha puesto en mis manos el caso para que yo, en su nombre, proceda conforme se deba a la mayor gloria de nuestra Santa Religión. Estáis aquí para hablar ante Dios con toda verdad; sois cristiano viejo, sin mezcla de moro ni judío, y como aún no estáis sometido a causa alguna no se os tomará juramento. Mas no olvidéis que comparecéis ante vuestro rey cuando respondáis a nuestras preguntas. Y ahora, decid: ¿es cierto que habéis pintado en vuestros aposentos de la Casa del Tesoro una pintura de mujer tendida de espaldas y sin vestido o cendal que cubra su carne?

VELÁZQUEZ.—Es cierto, señor.

EL REY.—¿Conocéis la prudente norma que el Santo Tribunal dictó contra tales pinturas?

VELÁZQUEZ.—Sí, majestad.

EL REY.—Decidla.

VELÁZQUEZ.—A quien haga y exponga imágenes lascivas se le castigará con la excomunión, el destierro y una multa de quinientos ducados.

EL REY.—¿Os reconocéis, pues, culpable?

VELÁZQUEZ.—No, majestad.

EL REY.—Justificaos.

VELÁZQUEZ.—Con la venia de vuestra majestad quisiera establecer antes algunos extremos del caso.

EL REY.—Hablad.

VELÁZQUEZ.—Una denuncia al Santo Tribunal no puede dar ocasión a examen si antes o después alguno de sus familiares no procede a comprobaciones que confirmen la sospecha. Y, que yo sepa, no he sido visitado.

EL REY.—Suponed que ya lo hubieseis sido.

VELÁZQUEZ.—Entonces, y ya que la caridad del Santo Tribunal tolera este examen privado, ruego a vuestra majestad que comparezca el familiar del Santo Oficio que me ha denunciado.

(EL REY y el dominico hablan en voz baja.)

EL REY.—No se os puede conceder.

VELÁZQUEZ.—Señor: ¿se me puede conceder para mi defensa la comparecencia de cualquier persona que yo nombre?

EL REY.—*(Tras una mirada al dominico.)* Se os concede.

VELÁZQUEZ.—¿Será obligada a responder a cuantas preguntas yo le haga?

(Los tres examinadores se miran, perplejos.)

EL REY.—En nuestro deseo de favorecer vuestra justi-
ficación, así se os concede.

VELÁZQUEZ.—Ruego que comparezca ante vuestra
majestad el señor aposentador de la reina y primo mío,
don José Nieto Velázquez.

> (*Sorprendido,* EL REY *mira al fraile, pero
> éste, con la cabeza baja, no se mueve. Una
> pausa subraya la cavilación regia.*)

EL REY.—Marqués, traed acá a don José Nieto. (EL
MARQUÉS *se levanta, se inclina y sale por la puerta de la
izquierda.* VELÁZQUEZ *respira, toma fuerzas.* EL REY
consulta algo al dominico mientras VELÁZQUEZ *cruza
hacia la derecha para enfrentarse con la puerta.*) ¿Existe
aún la pintura a que nos referimos, don Diego?

VELÁZQUEZ.—Mal podría destruirla, señor, no creyén-
dome culpable.

> (EL MARQUÉS *vuelve seguido de* NIETO,
> *cierra la puerta y se sienta.* NIETO *se arro-
> dilla ante* EL REY.)

EL REY.—Alzaos, Nieto. (NIETO *lo hace.*) Vuestro
primo don Diego tiene mi venia para preguntaros mientras yo lo consienta. Contestadle con toda verdad.

NIETO.—(*Se inclina.*) Así lo haré, señor.

VELÁZQUEZ.—Con la venia de vuestra majestad. Venid acá, primo. Y disculpad si alguna de mis preguntas
fuera indiscreta...

NIETO.—(*Baja los peldaños y se enfrenta con él.*) Decid.

VELÁZQUEZ.—¿Cuánto tiempo hace que sois familiar
del Santo Oficio?

NIETO.—(*Mira al* REY.) Esa pregunta, señor...

EL REY.—Responded.

NIETO.—Hace nueve días que gozo de esa inmerecida merced.

VELÁZQUEZ.—Mis parabienes. *(Leve inclinación de* NIETO.*)* Ahora empiezo a comprender: sois nuevo en la tarea. Mas nada nos habíais dicho... ¿Es que el Santo Tribunal pide el secreto?

NIETO.—Recomienda una prudente reserva.

VELÁZQUEZ.—¿También con vuestros parientes más allegados?

NIETO.—Resolví no decírselo a nadie. Así, nunca erraría.

VELÁZQUEZ.—Reserva prudentísima. Y decidme ahora, primo: ¿sois vos quien me ha denunciado al Santo Tribunal por cierta pintura que os enseñó mi mujer?

NIETO.—*(Lo piensa.)* No puedo responder a preguntas como ésa.

VELÁZQUEZ.—¡Ni es menester! Nadie sino vos puede haber sido, y no vais a tener ante su majestad la cobardía de negar vuestros actos. Mas ahora sólo os haré preguntas generales. Os ruego que me iluminéis: un pintor siempre puede errar... ¿Qué sabe él de materias tan vidriosas?

NIETO.—Sabéis muy bien que la ejecución y exposición de imágenes lascivas está prohibida. Recordarlo a tiempo hubiera debido bastaros para no tomar el pincel.

VELÁZQUEZ.—*(Suspira.)* Lo recordé a tiempo, primo, y tomé el pincel.

EL MARQUÉS.—Es una confesión en regla.

VELÁZQUEZ.—No, excelencia. El precepto habla de pintar y exponer. *(A su primo.)* Yo no he expuesto.

[NIETO.—Estamos ante personas mucho más autorizadas que yo para aclarar el sentido de esa orden, don Diego.

VELÁZQUEZ.—Cierto. Mas yo os ruego que la interpretéis vos.]

NIETO.—Si aquí se quiere escuchar mi opinión a pesar de ser la más indigna de todas, no he de ocultarla. Mi opi-

nión es que la primera vez que un pintor español osa tal
abominación, crea un precedente muy peligroso. Y entiendo que, por desgracia, una saludable severidad es necesaria ante él. Nada se pinta sin intención de ser enseñado. Y, antes o después, lo ven otras personas... Ejecutar
es ya exponer.

VELÁZQUEZ.—[Bien razonado, primo. Decidme
ahora:] si se exponen pinturas escandalosas por personas
diferentes de quien las ejecutó, ¿la castigaríais con igual
severidad?

NIETO.—Yo, en conciencia, así lo haría.

VELÁZQUEZ.—Debo de ser muy torpe. Después de oíros, comprendo peor esa orden.

NIETO.—Es muy clara y muy simple.

VELÁZQUEZ.—No tanto. Porque, o vos no la entendéis
bien, o tendríais que haber denunciado antes a su majestad el rey.

EL MARQUÉS.—(Salta.) ¡Qué...!

EL REY.—(Le pone una mano en el brazo para impo-
nerle silencio y mira fijamente a VELÁZQUEZ.) ¿Qué insi-
nuáis?

VELÁZQUEZ.—Sólo insinúo, señor, que mi pariente ha
sido víctima de su propio celo y que es forzoso que no
haya entendido la orden. De lo contrario, no veríamos en
algunos aposentos del Palacio ciertas mitologías italianas
y flamencas no más vestidas que la que yo he pintado.

(Todos se miran. EL REY habla en voz baja
con el dominico.)

EL REY.—Represento aquí al Santo Tribunal y puedo
aclararos que no hay inconsecuencia. Lo que decís demuestra justamente los criterios de prudencia con que
ejerce su vigilancia. Ante el mérito de esas obras, el hecho de estar ya pintadas y los recatados lugares donde se
encuentran, puede tenerse alguna benignidad. Sus auto-

res, además, no son españoles, y mal podríamos imponerles normas que no les atañen.

VELÁZQUEZ.—Entonces, señor, pido para mí la misma benignidad. No es justo que aceptemos de mis colegas extranjeros lo que se castiga en los españoles.

NIETO.—No, don Diego. El pintor español ha de extremar el ejemplo y el rigor. Y por eso el Santo Precepto cuida de que no crezca ni prospere entre nuestros pintores tan perniciosa costumbre.

VELÁZQUEZ.—¿Qué entendéis vos, primo, por una pintura lasciva?

NIETO.—La que por su asunto o sus desnudeces pueda mover a impureza.

VELÁZQUEZ.—¿Prohibiríais por consiguiente toda desnudez pictórica o escultórica?

NIETO.—Sin vacilar.

VELÁZQUEZ.—Pues si antes me referí a Palacio, ahora no tengo más remedio que referirme a las iglesias.

NIETO.—*(Se sobresalta.)* ¿Qué queréis decir?

VELÁZQUEZ.—¿Olvidáis que la más grandiosa imagen de nuestra Santa Religión es la de un hombre desnudo?

NIETO.—*(Al* REY.*)* ¡Señor, por piedad! ¡No permita vuestra majestad que don Diego se burle de las cosas santas!

VELÁZQUEZ.—*(Grita.)* ¡No me burlo! *(Al* REY.*)* Sólo digo lo que antes, señor. *(Señala a su primo.)* Su falta de prudencia es evidente. Se le habían olvidado las iglesias.

(Le vuelve la espalda a NIETO *y se aleja.)*

NIETO.—¡No digáis más abominaciones!

VELÁZQUEZ.—*(Se vuelve.)* Todavía queda por dilucidar si quien ve abominación en los demás no estará viendo la que su propio corazón esconde.

NIETO.—¡Me ofendéis!

VELÁZQUEZ.—Sólo quiero recordaros que el vestido

inquieta a veces más que el desnudo... Que el vestido no quitó la tentación carnal del mundo y que vino por ella.

NIETO.—¡Aunque así sea! ¡Siempre se debe evitar la más clara ocasión de pecado!

VELÁZQUEZ.—Todo es ocasión de pecado, primo: hasta las imágenes santas lo han sido. Y todo puede edificarnos, hasta la desnudez, si la miramos con ojos puros.

NIETO.—Nuestros ojos no son puros. Y hasta un niño os diría que unos juguetes le tientan más que otros.

VELÁZQUEZ.—El mismo niño os diría que el más tentador de los juguetes es el que más le prohíben.

NIETO.—*(Sonríe, maligno.)* ¿Vais a discutir una prohibición del Santo Tribunal?

VELÁZQUEZ.—No pretendáis amedrentarme con el Santo Tribunal: confío en que él me juzgará con más cordura que vos. Los preceptos generales son inevitables y él tiene que darlos; pero su aplicación es materia mucho más sutil de lo que vuestra rigidez sabrá entender nunca. Vos habéis visto lascivia en mi pintura. Mas yo os pregunto: ¿dónde está la lascivia?

NIETO.—Vos lo decís. En la pintura.

VELÁZQUEZ.—*(Se acerca.)* ¡En vuestra mente, Nieto! ¡Vuestro ojo es el que peca y no mi Venus! ¡Debierais arrancaros vuestro ojo si entendieseis la palabra divina antes que denunciar mi tela! [39] Mi mirada está limpia; la vuestra todo lo ensucia. Mi carne está tranquila; la vuestra, turbada. ¡Antes de sospechar que vuestro primo había caído en las garras del demonio de la carne, debisteis preguntaros si no erais vos, y todos los que se os parecen, quienes estáis en sus garras y quienes, pensando en él a toda hora, mejor le servís en el mundo! ¡Porque no sois

---

[39]   Las palabras de Velázquez evocan el pasaje de los Evangelios en el que Cristo avisa a los escandalosos de la gravedad de su pecado (Mt. 18, 9 y Mc. 9, 46-47).

limpio, Nieto! ¡Sois de los que no se casan pero tampoco entran en religión! ¡Sois de los que no eligen ninguno de los caminos de la santificación del hombre! ¡Atreveos a afirmar ante Dios que nos oye que la tentación carnal no es el más triste de vuestros secretos!... ¿Nada decís?

NIETO.—Somos pecado... Somos pecado.

VELÁZQUEZ.—¡No os escudéis en el plural, primo! Sois pecado. *(Al* REY.*)* Acato humildemente, señor, las prudentes normas que una inspirada sabiduría dispone; mas yo me atrevería a sugerir otra norma que no fuese contra las pinturas lascivas, sino contra las mentes lascivas que en todo ven lascivia.

(Vuelve a la derecha. EL REY *y el dominico hablan.)*

EL REY.—¿Por qué habéis pintado ese lienzo?

VELÁZQUEZ.—Porque soy pintor, señor. Un pintor es un ojo que ve la Creación en toda su gloria. La carne es pecadora, mas también es gloriosa. Y antes de que nos sea confirmada su gloria en el fin de los tiempos, la pintura lo percibe... La mujer que he pintado es muy bella, señor; pero también es bello el cuerpo del Crucificado que pinté hace años y que adoran todos los días las monjitas de San Plácido. [40]

---

[40] El *Crucificado,* actualmente en el Museo del Prado, decoró la sacristía de San Plácido. Se aventura la hipótesis de que pudo ser un encargo de Jerónimo de Villanueva, protonotario del reino que estuvo implicado en el proceso de las monjas. Jonathan Brown *(Velázquez,* cit., pág. 161) comenta al respecto: «Es cierto que esta tesis sobre la fecha [1632] y motivación del Cristo velazqueño se basa en argumentos indirectos, pero es posible que el encargo procediera de Villanueva, cuyo nombre estuvo siempre vinculado con el convento». No faltaron quienes achacaron la presencia del cuadro inspirador de Unamuno en la sacristía del convento a la necesidad del rey de expiar con la ofrenda un enamoramiento sacrílego.

(EL REY y el fraile hablan entre sí. Una pausa.)

EL REY.—¿Tenéis algo más que preguntar a don José Nieto?

VELÁZQUEZ.—Sí, majestad.

EL REY.—Hacedlo.

VELÁZQUEZ.—Primo, sé que sois sinceramente religioso. Denunciar a quien lleva vuestra sangre y a quien debéis vuestro puesto en Palacio debió de ser duro para vos.

NIETO.—*(Ablandado.)* Sabéis, primo, que os declaré veladamente mis temores hace días... *(Suspira.)* Mas no me disteis el menor indicio de arrepentimiento...

VELÁZQUEZ.—Porque sé que lo habéis hecho con muchos escrúpulos de conciencia, os haré sólo una pregunta más.

NIETO.—Suplico a vuestra majestad me dé su venia para retirarme... Esto es muy doloroso para mí.

EL REY.—Luego que respondáis.

VELÁZQUEZ.—Gracias, señor. Primo: cuando fui nombrado aposentador de su majestad, dijisteis en mi casa que su excelencia, aquí presente, os había propuesto a vos.

(Se acerca.)

NIETO.—En efecto...

VELÁZQUEZ.—¡A vuestra escrupulosa conciencia invoco! ¡No olvidéis que, si mentís, Dios os lo tendrá en cuenta! ¿Osaríais jurar ante Él que no pensasteis en obtener mi puesto cuando me denunciasteis?

NIETO.—No estoy obligado a jurar...

VELÁZQUEZ.—¡Nadie os obliga! ¡Pregunto si osaríais!... *(Pausa.)* ¿No?

NIETO.—*(Con la voz velada.)* Lo juro ante Dios. *(Inmediatamente arrepentido.)* ¡Oh!...

(Y se aparta unos pasos, tapándose el rostro con las manos.)

VELÁZQUEZ.—*(Sonríe.)* Gracias, primo. *(Al* REY.*)* Ruego humildemente al Santo Tribunal que, al juzgarme, tenga presentes los errores de criterio a que puede llegar un familiar impaciente en demasía por hacer sus primeros méritos aunque sea a costa de sus más allegados; quizá no limpio aún de ambiciones personales cuando denuncia, y acaso, acaso... perjuro.

(Una pausa.)

EL MARQUÉS.—¿Queréis decir que, no obstante haber incumplido un precepto del Santo Oficio, vuestro acatamiento a su autoridad y a la del trono fue siempre el debido?

VELÁZQUEZ.—Vuecelencia lo ha dicho perfectamente.

EL MARQUÉS.—Si un examen de vuestras pinturas hiciese presumir lo contrario, habría buenas razones para dudarlo...

VELÁZQUEZ.—¿Es vuecelencia quien pretende juzgar mis pinturas?

EL MARQUÉS.—Ruego a vuestra majestad que dé su venia para que el maestro Angelo Nardi venga a deponer.

VELÁZQUEZ.—¿Será posible? ¡Vuecelencia me allana la tarea!

EL MARQUÉS.—No estéis tan cierto.

EL REY.—Traedlo.

(EL MARQUÉS *se levanta y sale por la puerta de la izquierda.* VELÁZQUEZ *vuelve a la derecha.)*

NIETO.—Ruego a vuestra majestad me dé su venia para retirarme.

EL REY.—Aún no. Pasad aquí.

> (*Le señala a sus espaldas.* NIETO, *con la ca-*
> *beza baja, sube los peldaños y se sitúa junto*
> *al bufete.* EL MARQUÉS *vuelve seguido de*
> NARDI, *a quien aquél indica que baje los*
> *peldaños.* NARDI *lo hace y se arrodilla ante*
> EL REY. EL MARQUÉS *vuelve a sentarse.*)

NARDI.—Señor...
EL REY.—Alzaos.

> (NARDI *se levanta.*)

EL MARQUÉS.—Maestro Nardi: se os ha llamado a presencia de su majestad para que, como excelente pintor
que sois, enjuiciéis las pinturas de don Diego sin que ninguna consideración de amistad o cortesía pese en vuestro
ánimo. [Decidnos lealmente si la tarea que ha venido
cumpliendo Velázquez como pintor de cámara es, a vuestro juicio, la debida.]

NARDI.—Señor: debo encarecer ante todo a mi admi-
rado colega que mis pobres opiniones no pretenden poner
en duda ni la reconocida excelencia de sus prendas personales ni la buena fe con que pintó sus obras...

VELÁZQUEZ.—Me conmovéis, maestro.

NARDI.—Mas debo responder en conciencia, pues que
su majestad lo manda. Creo yo que el pintor Velázquez,
cuya maestría es notoria, no es, sin embargo, un buen pintor de cámara.

EL MARQUÉS.—¿Por qué?

NARDI.—¿Cómo diría?... En su labor no guardó, creo,
las proporciones debidas.

EL MARQUÉS.—¿Cómo se entiende?

NARDI.—Ha pintado un solo cuadro de batallas, cuando nuestras gloriosas batallas han sido y son tan abundan-

tes. Y aún creo, como pintor, que la *Rendición de Breda* es una tela demasiado pacífica; más parece una escena de corte que una hazaña militar.

EL MARQUÉS.—*(Sonríe.)* Proseguid.

NARDI.—Aún más grave hallo que nos convide a reír del glorioso soldado de nuestros tercios en otra tela suya...

> *(Golpes enérgicos en la puerta del fondo, que se repiten. Todos vuelven la cabeza.)*

EL REY.—¿Quién se atreve...?

EL MARQUÉS.—*(Sorprendido.)* La guardia tiene órdenes terminantes.

EL REY.—¿Y osan llamar así?

> *(Nuevos golpes.)*

EL MARQUÉS.—¿Acaso alguna nueva grave?...

EL REY.—Id a ver.

> *(EL MARQUÉS va al fondo y, ante la expectación de todos, abre la puerta. La infanta MARÍA TERESA entra.)*

EL MARQUÉS.—*(Se inclina, sorprendido.)* ¡Alteza!...

> *(EL REY y el dominico se levantan, asombrados. La infanta avanza con una ingenua sonrisa que encubre mal la intrigada emoción que la domina. EL MARQUÉS cierra la puerta.)*

MARÍA TERESA.—Aceptad mis excusas, señor. Confié en que la contraseña del centinela no rezaría conmigo.

EL REY.—*(La mira fijamente.)* ¿Qué se os ofrece?

MARÍA TERESA.—Os he rogado en ocasiones que me permitieseis asistir a vuestro Consejo... Si quisierais perdonar mi audacia...

EL REY.—No lo estoy celebrando.

MARÍA TERESA.—Por eso mismo me atreví a pensar que podría asistir a esta reunión.

EL REY.—¿Conocéis sus causas?

MARÍA TERESA.—*(Titubea.)* Sean cuales fueren... os ruego me deis licencia para quedarme.

(EL MARQUÉS *vuelve despacio.*)

EL REY.—*(Seco.)* Mucho valor habéis debido de reunir para dar este paso.

MARÍA TERESA.—¿Por qué, señor?

EL REY.—*(Lento.)* Porque veníais persuadida de que no os lo voy a conceder.

MARÍA TERESA.—*(Cree fracasar; se inclina.)* Perdonad mi atrevimiento...

EL REY.—*(Cambia una mirada con* EL MARQUÉS.*)* Mi respuesta no es la que esperabais. Quedaos.

MARÍA TERESA.—*(Sorprendida.)* Os doy las gracias, señor.

EL REY.—Tal vez lo lamentéis. ¿Insistís?

MARÍA TERESA.—*(Débil.)* Insisto, señor.

EL REY.—Sentaos junto a mí.

MARÍA TERESA.—Con vuestra venia.

(EL REY *se sienta. La infanta y el dominico lo hacen a su vez. A* MARÍA TERESA *se le escapa una mirada hacia* VELÁZQUEZ, *que su padre capta.*)

EL REY.—Proseguid, maestro Nardi. Ibais a decirnos que nuestros soldados habían llegado a ser cosa de burla para Velázquez.

(EL MARQUÉS *se aposta junto al dominico.*)

NARDI.—En su regocijante pintura del dios Marte, señor. Es claro que esa figura pretende representar a un soldado de Flandes. Y cuando no es burla, en la pintura de don Diego hallamos desdén o indiferencia, mas no respeto. Los mismos retratos de personas reales carecen de la majestad adecuada. Se diría que entre los perros o los bufones que él pinta y... sus majestades, no admite distancias. Otro tanto podría decir de sus pinturas religiosas: son muy pocas y no creo que muevan a devoción ninguna, pues también parece que sólo busca en ellas lo que tiene de humano lo divino.

VELÁZQUEZ.—¿Habláis como pintor o como cortesano, maestro Nardi?

NARDI.—Hablo como lo que somos los dos, maestro Velázquez: como un pintor de la Corte.

VELÁZQUEZ.—Quizá no habéis citado mis pinturas más cortesanas...

NARDI.—Era vuestro deber pintarlas y quedaría por saber si había sido vuestro gusto. Es claro que lo que más os complace pintar es aquello que, por azar o por triste causa natural, viene a ser menos cortesano... Los bufones más feos o más bobos, pongo por caso.

VELÁZQUEZ.—Esos desdichados tienen un alma como la nuestra. ¿O creéis que son alacranes?

NARDI.—Estoy por decir que pintaríais con igual deleite a los alacranes.

VELÁZQUEZ.—¡Yo, sí! ¡Pero vos, no! ¿Qué diría la Corte?

(El fraile sonríe.)

NARDI.—En mi opinión, señor, don Diego Velázquez se cree un leal servidor y procura serlo. Pero su natural caprichoso... le domina. Es como su famosa manera abreviada... *(Remeda despectivo, en el aire, unas flojas pince-*

ladas.) Casi todos los pintores la atribuyen a que ha perdido vista y ya no percibe los detalles. Yo sospecho que pinta así por capricho.

[VELÁZQUEZ.—Me hacéis un gran honor.

NARDI.—Sí, y sin mala intención...] Mas al pintar así desprecia al modelo sin darse cuenta..., aunque el modelo sea regio. Hablo siempre como pintor, claro. Aunque sea cortesano.

VELÁZQUEZ.—Respondedme como pintor a una pregunta, maestro. Cuando miráis a los ojos de una cabeza, ¿cómo veis los contornos de esa cabeza?

NARDI.—*(Lo piensa.)* Imprecisos.

VELÁZQUEZ.—Esa es la razón de la manera abreviada que a vos os parece un capricho.

NARDI.—Es que para pintar esos contornos, hay que dejar de mirar a los ojos de la cabeza y mirarlos a ellos.

VELÁZQUEZ.—Es vuestra opinión. Vos creéis que hay que pintar las cosas. Yo pinto el ver.

NARDI.—*(Alza las cejas.)* ¿El ver?

VELÁZQUEZ.—*(Le vuelve la espalda.)* Señor: no hablaré ya de las intenciones. Como él conmigo, estoy dispuesto a admitir que le mueve su amor al trono y no al bastardo deseo de obtener mi puesto de pintor de sus majestades. Ya que como pintor habla, me reduciré a considerar su competencia pictórica. Sé que es grande.

NARDI.—Sois muy cortés.

VELÁZQUEZ.—¡Nada de eso! Su majestad obra con prudencia recurriendo a vuestra sabiduría, como obraría con igual prudencia no dándoos crédito si se probase que vuestra sabiduría es ficticia.

NARDI.—No pretendo yo ser el más sabio de los pintores.

VELÁZQUEZ.—Señor: creed que su sabiduría me ha llegado a desconcertar. Sobre todo, el gran hallazgo de su *San Jerónimo.*

(El fraile escucha muy atento.)

NARDI.—Es sólo un cuadro devota y cuidadosamente pintado.

VELÁZQUEZ.—Es también un cuadro que prueba vuestra ciencia de las leyes del color.

NARDI.—*(Sonríe.)* No os burléis, don Diego. El color no tiene leyes...

VELÁZQUEZ.—No intentéis ocultarnos las que habéis descubierto, maestro.

EL REY.—*(Intrigado.)* ¿A qué os referís?

VELÁZQUEZ.—He advertido, señor, una tenue neblina verdosa que rodea el sayo verde de su *San Jerónimo*. El maestro sabe algo de los colores que yo ignoro: lo confieso.

NARDI.—Exageráis... Sólo es un modo de dar blandura a las gradaciones...

VELÁZQUEZ.—¿Con una neblina verdosa alrededor del sayo?

NARDI.—Vos mismo recurrís a esas dulzuras...

VELÁZQUEZ.—¿Yo?

NARDI.—*(Ríe.)* ¿Tendré que recordaros cierta nubecilla verdosa que rodea las calzas de vuestro *Don Juan de Austria?*

VELÁZQUEZ.—¿Habéis pintado vuestra nubecilla por haber visto la mía? ¡Qué honor para mí!

NARDI.—*(Modesto.)* Es una coincidencia casual.

VELÁZQUEZ.—¿Coincidencia? Olvidáis que las calzas de mi bufón son carmesíes.

NARDI.—¿Y qué, con eso?

VELÁZQUEZ.—Yo pinté la nubecilla verdosa porque me ha parecido advertir que las tintas carmesíes suscitan a su alrededor un velo verdoso.

EL REY.—¡Hola! Eso es curioso.

VELÁZQUEZ.—Es algo que ocurre en nuestros ojos, señor, y que aún no comprendo bien. El maestro Nardi lo comprende mejor... Yo creía que un paño verde suscitaba una nubecilla carmesí... y él la pinta verde. ¡No por haber visto la mía, no! Es una coincidencia casual. Y una distracción... Quizá no tardemos en ver las veladuras de su *San Jerónimo* volverse carmesíes. O el sayo, pero esto requería más trabajo: os recomiendo lo primero como más sencillo, maestro.

NARDI.—*(Con los ojos bajos.)* Nada sé de esas leyes que os place fingir ahora... Las gradaciones de los colores en la pintura sólo buscan la belleza.

VELÁZQUEZ.—*(Vibrante.)* ¡Nada sabe, señor! Él lo dice. [Yo sé aún poco de los grandes misterios de la luz: él, nada.] ¿Es éste el hombre que puede juzgar mi pintura?

(NARDI *está alterado, confundido; no acierta a contestar.*)

EL MARQUÉS.—Poco importan esas discusiones entre colegas. Si no queréis que la haya visto como pintor, no por eso el maestro Nardi ha dejado de ver una gran verdad: la censurable condición de vuestra pintura.

VELÁZQUEZ.—Excelencia, os ruego que no habléis así. Es impropio de vos.

EL MARQUÉS.—*(Ruge.)* ¿Por qué?

VELÁZQUEZ.—Es demasiado sutil.

(El fraile *sonríe.* La infanta *sonríe francamente.*)

EL MARQUÉS.—Señor: ¿queréis más pruebas de su abominable rebeldía que esa insolencia?

MARÍA TERESA.—Yo no hallo insolencia alguna, marqués... Es una chanza digna del donoso sevillano que es don Diego. [41] *(Todos la miran con sorpresa.)* [Quizá debí callar...] Perdón, señor.

---

[41] Una muestra de su ingenio andaluz ofrece Palomino *(El Museo Pictórico,* cit., pág. 893) cuando explica que aún siendo muy joven el

(Baja los ojos.)

EL REY.—*(La mira fijamente. Luego, a* NARDI.*)* ¿Tenéis algo más que decir, maestro?

NARDI.—Sólo una cosa, señor. Casi todos los pintores que conozco lamentan la benignidad de vuestra majestad con la pintura de don Diego.

VELÁZQUEZ.—Lo sabemos, maestro. Casi todos se empeñan en afirmar que su majestad carece de criterio.

EL REY.—*(Seco.)* Gracias, Nardi. Aguardad con Nieto. *(Señala a sus espaldas. Humillado,* NARDI *se inclina y sube los peldaños para situarse junto a* NIETO. EL REY, *al* MARQUÉS:*)* ¿Tenéis vos algo que preguntar a don Diego?

EL MARQUÉS.—Sí, majestad. Me han llegado las noticias que esperaba. *(Con una mirada a la infanta.)* Si vuestra majestad desea antes inquirir del caso que sabe...

EL REY.—Hablad vos antes.

EL MARQUÉS.—Con la venia de vuestra majestad. Señor aposentador: medid bien ahora vuestras palabras...

(Se detiene ante una seña del REY, *a quien el dominico empezó a hablar en voz baja. Todos guardan respetuoso silencio.)*

EL REY.—Aguardad, marqués. *(*EL REY *y el dominico cambian secretas confidencias. Luego se levantan ambos, y la infanta los imita.)* Su reverencia nos deja ya, marqués. Servíos acompañarle hasta la puerta.

EL MARQUÉS.—*(Va rápidamente a su lado.)* ¿Vuestra reverencia se va? Yo tendría empeño en que oyese lo que voy a revelar... *(El fraile se detiene con un suave ademán*

---

pintor le objetaron que no pintaba con la delicadeza de Rafael de Urbino, a lo que Velázquez respondió: «Que más quería ser primero en aquella grosería, que segundo en la delicadeza».

y le habla en voz baja. Se advierte que EL MARQUÉS *insiste y que el fraile deniega, reafirmando algo.* EL MARQUÉS *suspira, contrariado.)* Como vuestra paternidad disponga.

> *(El dominico se inclina ante* EL REY *y la infanta.* EL REY *le devuelve la reverencia y la infanta le besa el rosario. Luego da la vuelta por la izquierda y se dirige al fondo acompañado del* MARQUÉS, *entre las reverencias de todos. Al pasar junto a* NIETO, *éste se precipita a besarle el crucifijo; pero el dominico lo mira y, con un seco ademán de desagrado, retira rápidamente su rosario. Rojo de vergüenza,* NIETO *vuelve a su sitio y el dominico llega a la puerta del fondo, que se adelantó a abrir* EL MARQUÉS. *El fraile lo bendice brevemente, sale y* EL MARQUÉS *cierra, volviendo junto al* REY. *Entretanto:)*

VELÁZQUEZ.—¿Debo entender, señor, que se ha decidido ya el caso de mi denuncia?

EL REY.—Su paternidad sólo asistió como consultor. Quien decide en nombre del Santo Tribunal, soy yo. Y aún no he decidido. Sentaos a mi diestra, hija mía.

> *(La infanta lo hace.* EL MARQUÉS *se sienta al otro lado.)*

EL MARQUÉS.—Con vuestra venia, señor. Decidme vos, don Diego, qué entendéis por rebeldía.

VELÁZQUEZ.—La oposición a cualquier autoridad mediante actos o pensamientos.

EL MARQUÉS.—¿Afirmáis no ser un rebelde ante la autoridad real?

VELÁZQUEZ.—Lo afirmo.

EL MARQUÉS.—Ya que desconfiáis de mi sutileza, me reduciré a los hechos. ¿Conocéis a un llamado Pedro Briones?

VELÁZQUEZ.—*(Duda un segundo.)* No, excelencia.

EL MARQUÉS.—*(Con aviesa sonrisa.)* Sí que lo conocéis... Un viejo que os sirvió de modelo hace años.

VELÁZQUEZ.—*(Alerta.)* He usado de muchos modelos... No recuerdo.

EL MARQUÉS.—*(Con asombro.)* ¿Le dais amparo en vuestra casa y no sabéis su nombre?

VELÁZQUEZ.—¿A... quién os referís?

EL MARQUÉS.— A un viejo que habéis recogido.

VELÁZQUEZ.—*(Lo piensa.)* Con efecto... Un pobre viejo enfermo que perdió el sentido al pedir limosna en mi casa... Allí lo tengo unos días, hasta que se reponga... Me sirvió de modelo hace unos años, sí... Mas no sé quién es.

EL MARQUÉS.—*(Al* REY.*)* Es Pedro Briones, señor. La justicia lo buscaba desde hace muchos años. Licenciado de galeras, asesino de su capitán en Flandes, y promovedor en la Rioja de las algaradas a causa de los impuestos, que han costado la vida a varios servidores de vuestra majestad.

EL REY.—¿Qué me decís?

EL MARQUÉS.—Lo que vuestra majestad oye.

EL REY.—*(Después de un momento, a* NIETO *y a* NARDI.*)* Aguardad ahí dentro, señores. *(Ellos se inclinan y salen por la puerta de la izquierda, que cierran.)* ¿Sabíais vos estas cosas, don Diego?

VELÁZQUEZ.—*(Pálido.)* No... las he sabido en todos estos años.

EL MARQUÉS.—*(Ríe.)* ¿Lo juraríais?

VELÁZQUEZ.—¿Es esto un proceso?

EL MARQUÉS.—Sin serlo, habéis pedido juramento a otra persona. Jurad vos ahora.

VELÁZQUEZ.—Esto no es un proceso y no juraré. Preguntad y responderé en conciencia.

EL MARQUÉS.—¿Afirmáis ignorar lo que he revelado?

VELÁZQUEZ.—Ahora ya lo sé.

EL MARQUÉS.—*(Riendo groseramente.)* ¿Lo ignorabais cuando le disteis asilo? *(Un silencio.)* Responded.

VELÁZQUEZ.—*(Al* REY.*)* Señor, no quiero saber lo que ese hombre haya hecho. Sólo sé que su vida ha sido dura, que es digno y que merece piedad. Morirá pronto: está enfermo. Yo os pido piedad para él, señor.

EL MARQUÉS.—Una manera de pedirla para vos, ¿no? Porque, cuando lo recogisteis, sabíais sus crímenes.

VELÁZQUEZ.—*(Frío.)* Eso, señor marqués, será menester probarlo.

EL MARQUÉS.—*(Airado.)* ¡Ese hombre os contó en esta misma sala su vida! Y después le disteis asilo. Ya veis que estoy bien informado.

VELÁZQUEZ.—¿Vuecelencia puede probarlo?

EL MARQUÉS.—Conmigo no valen argucias: no traeré aquí a mis espías. ¡Confesad, señor aposentador! No os queda otro remedio.

(VELÁZQUEZ *está desconcertado. Teme.)*

EL REY.—*(A media voz.)* ¿Quién les escuchó?

(EL MARQUÉS *se inclina y le susurra un nombre al oído.)*

MARÍA TERESA.—*(Que ha hecho lo posible por captarlo.)* Perdonad, padre mío...

EL REY.—*(Duro.)* ¿Qué queréis?

MARÍA TERESA.—He oído el nombre que os han dicho. No hay en Palacio persona más enredadora y mentirosa.

EL REY.—*(Amenazante.)* ¿Estáis intentando defender a Velázquez?

MARÍA TERESA.—*(Inmutada.)* Señor... Busco, como vos, la justicia.

EL REY.—*(La mira duramente.)* Tiempo tendréis de hablar.

VELÁZQUEZ.—Señor: si dan tormento a ese hombre acabarán con él...

EL REY.—¿Tanto os importa?

VELÁZQUEZ.—Es un anciano. Podrán quizá arrancarle confesiones falsas.

EL MARQUÉS.—No es menester que confiese, don Diego. Vuestra rebeldía está probada. Por lo demás, ese hombre ya no podrá decir nada.

(VELÁZQUEZ lo mira, amedrentado.)

EL REY.—¿Por qué no?

EL MARQUÉS.—Se dio a la fuga cuando lo prendían y cayó por el desmonte de los Caños del Peral. Según parece, veía poco.

VELÁZQUEZ.—*(Ruge.)* ¿Qué?

EL MARQUÉS.—Ha muerto.

VELÁZQUEZ.—*(Descompuesto.)* ¿Muerto?

EL MARQUÉS.—Vuestra majestad juzgará a Velázquez según su alto criterio. Yo he dicho cuanto tenía que decir.

EL REY.—Todas las pruebas están contra vos, don Diego. [Por la pintura obscena que habéis hecho habríais de ser excomulgado y desterrado. Por lo que el marqués nos ha referido, el castigo tendría que ser mayor.] ¿Tenéis algo que alegar en vuestra defensa? *(VELÁZQUEZ no oye: desencajado y trémulo, mira al vacío con los ojos muy abiertos. Al fin, vacilante, va hacia los peldaños.)* ¿Reconocéis vuestros yerros? *(VELÁZQUEZ rompe a llorar.)* ¡Cómo! ¿Lloráis? ¿Vos lloráis?

EL MARQUÉS.—Esa es su confesión.

(La infanta lo mira y se levanta para acudir al lado de VELÁZQUEZ. Su mano, tímida, se alarga hacia él sin osar tocarlo.)

María Teresa.—¡Don Diego!

> (El Marqués *se levantó al hacerlo la infanta. El Rey, sombrío, no la pierde de vista.*)

El Rey.—*(Al Marqués.)* Dejadnos solos.

> (El Marqués *se inclina y sale por la puerta de la izquierda, cerrando.*)

María Teresa.—¡Don Diego, no lloréis!...

El Rey.—*(Helado.)* Ponéis en vuestra voz un sentimiento impropio de vuestra alcurnia. *(La infanta, sin volverse, atiende.)* Me pregunto si mostraréis la misma pena cuando vuestro padre muera. *(La infanta se va incorporando despacio, sin volverse. Velázquez escucha.)* Me pregunto si, en vez de estar ante un culpable, no estoy ante dos.

María Teresa.—*(Se vuelve, airada.)* ¿Qué queréis decir?

> (Velázquez *los mira.*)

El Rey.—*(Se levanta.)* ¿Por qué habéis venido aquí? ¿Qué es él para vos?

María Teresa.—¡No es propio hablar así a una infanta de España no estando a solas!

El Rey.—*(Va a su lado.)* ¡Luego lo reconocéis!

María Teresa.—¡Nada reconozco!

El Rey.—*(Se aparta bruscamente y baja los peldaños para situarse a la derecha del primer término.)* Es vano que neguéis. Estoy informado de vuestras visitas a esta sala en los días en que el pintor cerraba con llave. De vuestras escapadas sin séquito para ver a este hombre.

MARÍA TERESA.—¿Qué cosa horrible y sucia estáis insinuando?

EL REY.—Hablo la lengua de la experiencia. Quizá no os disteis entera cuenta de lo que hacíais. Quizá la niña loca y díscola que sois se dejó... fascinar. *(A VELÁZQUEZ.)* Mas ¿y vos? *(Va hacia él.)* ¿Cómo osasteis poner vuestros impuros ojos de criado en mi hija? ¡Vos, el esposo fiel, el de la carne fuerte, el invulnerable a los galanteos de Palacio, os reservabais para el más criminal de ellos! ¡Mal servidor, valedor de rebeldes, orgulloso, desdeñoso de la autoridad real, falso! Ahora todo se aclara. Pintasteis con intención obscena, protegisteis a un malvado porque despreciáis mi Corona y... habéis osado trastornar el corazón y los pensamientos de la más alta doncella de la Corte.

VELÁZQUEZ.—Señor, os han informado mal.

EL REY.—¡No me contradigáis! Sé lo que digo y me ha bastado observaros a los dos aquí hoy para confirmarlo. Pagaréis por esto, don Diego.

MARÍA TERESA.—Padre mío...

EL REY.—¡Callad vos!

MARÍA TERESA.—No callaré, padre. Si vos habláis la lengua de la experiencia, yo soy ya una mujer y también sé lo que digo. Esta tarde no he visto aquí más que mezquinas envidias disfrazadas de acusaciones contra quien sufre la desgracia de ser el mejor pintor de la Tierra y un hombre cabal. Si él no se defiende, yo lo defenderé; porque en esa infamia que nos imputáis veo también un rencor... ¡y sé de quién procede!

EL REY.—¡El calor de vuestras palabras me prueba lo que pretendéis negar! No pronunciéis ni una más.

MARÍA TERESA.—Si yo os dijese el nombre de quien delató, ¿nos escucharíais?

EL REY.—¡No podéis dar nombre alguno!

MARÍA TERESA.—¿No es doña Marcela de Ulloa?

EL REY.—*(Desconcertado.)* ¿Eh? Aunque así fuere...

MARÍA TERESA.—Ella es. ¡Traedla aquí si queréis, padre mío! ¡Si ella nos vigila, yo también sé vigilarla! No se atreverá a negar ante mí que sólo piensa en don Diego... Que lo persigue...

EL REY.—¡Hija!

MARÍA TERESA.—¡Sí, padre mío! Esa mujer que nos guarda no quiere guardarse. Esa depositaria del honor de las doncellas de la Corte entregaría sin vacilar su honor a don Diego..., con sólo que él dijese una palabra... que nunca ha querido decir.

EL REY.—*(A* VELÁZQUEZ.*)* ¿Es eso cierto?

VELÁZQUEZ.—No sé de qué me habla vuestra majestad.

MARÍA TERESA.—¿A él se lo preguntáis? ¡Dejad que yo se lo pregunte a ella! Yo la forzaré a reconocer que calumnió por celos, por rencor, por desesperación...

EL REY.—¡No ha mentido al denunciar vuestras visitas a este obrador!

MARÍA TERESA.—Pero habla de ellas en vuestra misma lengua, padre... En la lengua de la experiencia..., que es la de los turbios pensamientos... La del pecado. *(Un silencio.* EL REY *está perplejo. Ella avanza.)* Padre, si castigáis a Velázquez cometeréis la más terrible de las injusticias. ¡Ha sido un servidor más leal que muchos de los que le atacan!

(Una pausa.)

EL REY.—*(Sombrío, se acerca a* VELÁZQUEZ.*)* Siempre os tuve por un buen vasallo, don Diego. Desde hoy, ya no sé si merecíais mi amistad. Nunca acerté a leer en vuestros ojos y ahora tampoco me dicen nada. Todavía quisiera, sin embargo, juzgaros como amigo más que como rey. ¡De vos depende que yo pueda entender de otro modo todo lo que aquí se ha dicho! Ya no quiero saber qué hay tras esa frente. Me bastará con vuestra palabra. ¿Puede negarse un vasallo a protestar de su lealtad y su amor al soberano? Vos habéis tenido el mío... Si me declaráis vuestro arrepentimiento y reconocéis vuestra sumisión a mi persona, olvidaré todas las acusaciones.

MARÍA TERESA.—¿No os bastan sus lágrimas? Ha llorado por la injusticia que le hacíais.

VELÁZQUEZ.—Lloro por ese hombre que ha muerto, alteza.

EL REY.—¿Por ese hombre?

VELÁZQUEZ.—Era mi único amigo verdadero.

EL REY.—*(Duro.)* Así, pues, ¿yo no lo era? ¿Es eso cuanto me tenéis que decir?

VELÁZQUEZ.—Algo más, señor. Comprendo lo que vuestra majestad me pide. Unas palabras de fidelidad nada cuestan... ¿Quién sabe nada de nuestros pensamientos? Si las pronuncio podré pintar lo que debo pintar y vuestra majestad escuchará la mentira que desea oír para seguir tranquilo.

EL REY.—*(Airado.)* ¿Qué decís?

VELÁZQUEZ.—Es una elección, señor. De un lado, la mentira una vez más. Una mentira tentadora: sólo puede traerme beneficios. Del otro, la verdad. Una verdad peligrosa que ya no remedia nada... Si viviera Pedro Briones me repetiría lo que me dijo antes de venir aquí: mentid si es menester. Vos debéis pintar. Pero él ha muerto... *(Se le quiebra la voz.)* Él ha muerto. ¿Qué valen nuestras cautelas ante esa muerte? ¿Qué puedo dar yo para ser digno de él, si él ha dado su vida? Ya no podría mentir, aunque deba mentir. Ese pobre muerto me lo impide... Yo le ofrezco mi verdad estéril... *(Vibrante.)* ¡La verdad, señor, de mi profunda, de mi irremediable rebeldía!

EL REY.—¡No quiero oír esas palabras!

VELÁZQUEZ.—¡Yo debo decirlas! Si nunca os adulé, ahora hablaré. ¡Amordazadme, ponedme hierros en las manos, que vuestra jauría me persiga como a él por

las calles! Caeré por un desmonte pensando en las tristezas y en las injusticias del reino.[42] Pedro Briones se opuso
a vuestra autoridad; pero ¿quién le forzó a la rebeldía?
Mató porque su capitán se lucraba con el hambre de los
soldados. Se alzó contra los impuestos porque los impuestos están hundiendo al país. ¿Es que el poder sólo
sabe acallar con sangre lo que él mismo incuba? Pues si
así lo hace, con sangre cubre sus propios errores.

EL REY.—*(Turbado, procura hablar con sequedad.)*
He amado a mis vasallos. Procuré la felicidad del país.

VELÁZQUEZ.—Acaso.

EL REY.—¡Medid vuestras palabras!

VELÁZQUEZ.—Ya no, señor. El hambre crece, el dolor
crece, el aire se envenena y ya no tolera la verdad, que tiene
que esconderse como mi Venus, porque está desnuda. Mas
yo he de decirla. Estamos viviendo de mentiras o de silencios. Yo he vivido de silencios, pero me niego a mentir.

---

[42]   Las expresiones empleadas por Velázquez evocan las de Adela,
la hija de Bernarda, cuando en el acto segundo de *La casa de Bernarda
Alba* (Federico García Lorca, *Obras Completas, II, Teatro*, edición de
Miguel García-Posada, Barcelona, Galaxia Gutenberg-Círculo de Lectores, 1997, pág. 607) se enfrenta a Poncia: «Ya es tarde. No por encima de ti que eres una criada; por encima de mi madre saltaría para
apagarme este fuego que tengo levantado por piernas y boca. [...] Trae
cuatro mil bengalas amarillas y ponlas en las bardas del corral. Nadie
podrá evitar que suceda lo que tiene que suceder»; o cuando defiende
su libertad ante Martirio al final del acto tercero: «Todo el pueblo contra mí, quemándome con sus dedos de lumbre, perseguida por las que
dicen que son decentes» (pág. 631). Recuérdese que Buero Vallejo de-
dicó a Federico García Lorca su discurso de entrada en la Real Academia («García Lorca ante el esperpento», *O. C.,* II, págs. 236-280) y que
en no pocas ocasiones ha expresado su admiración por el poeta grana-
dino: «En mi opinión, Lorca es el más grande autor de nuestro tiempo.
[...] La lección admirable de autenticidad trágica, de preocupación española y de garbo popular que nos brinda el teatro de Lorca, dista de
estar agotada y puede seguir beneficiándonos a todos» («El teatro de
García Lorca», respuesta a una encuesta aparecida en *Ínsula,* 168, noviembre de 1960, reproducida en *O. C.,* II, cit., págs. 921 y 922).

EL REY.—Los errores pueden denunciarse. ¡Pero atacar a los fundamentos inconmovibles del poder no debe tolerarse! Os estáis perdiendo, don Diego.

VELÁZQUEZ.—¿Inconmovibles? Señor, dudo que haya nada inconmovible. Para morir nace todo: hombres, instituciones... Y el tiempo todo se lo lleva. También se llevará esta edad del dolor. Somos fantasmas en manos del tiempo.

EL REY.—*(Dolido, se aparta.)* Yo os he amado... Ahora veo que vos no me amasteis.

VELÁZQUEZ.—Gratitud, sí, majestad. Amor... Me pregunto si puede pedir amor quien nos amedrenta.

EL REY.—*(Se vuelve, casi humilde.)* También yo sé de dolores... De tristezas...

VELÁZQUEZ.—Pedro ha muerto.

EL REY.—*(Da un paso hacia él.)* Habéis podido pintar gracias a mí...

VELÁZQUEZ.—Él quiso pintar de muchacho. Me avergüenzo de mi pintura. Castigadme.

(Un silencio. EL REY *está mirando a* VELÁZQUEZ *con obsesiva fijeza.)*

MARÍA TERESA.—Él ha elegido. Elegid ahora vos. Pensadlo bien: es un hombre muy grande el que os mira. Os ha hablado como podría haberlo hecho vuestra conciencia: ¿desterraréis a vuestra conciencia del Palacio? Podéis optar por seguir engendrando hijos con mujerzuelas *(EL REY la mira súbitamente.)* y castigar a quien tuvo la osadía de enseñaros que se puede ser fiel a la esposa; podéis seguir adormecido entre aduladores que le aborrecen porque es íntegro, mientras ellos, como el señor marqués, venden prebendas y se enriquecen a costa del hambre del país; podéis escandalizaros ante una pintura para ocultar los pecados del Palacio. Podéis castigar a Velázquez... y a vuestra hija, por el delito de haberos hablado, quizá por primera y última vez, como verdaderos amigos. ¡Elegid ahora entre la verdad y la mentira!

EL REY.—*(Triste.)* Él ha sabido hacerse amar de vos más que yo. Eso me ofende aún más.

MARÍA TERESA.—*(Entre ella y* VELÁZQUEZ *se cambia una profunda mirada.)* No le llaméis amor, padre mío... En esta Corte de galanteos y de pasiones desenfrenadas es un sentimiento... sin nombre.

EL REY.—*(Mirando a los dos.)* Yo debiera castigar... Vos entraríais en la Encarnación y vos iríais al destierro... Si Dios me hubiera hecho como mis abuelos, castigaría sin vacilar... No lo haré.

MARÍA TERESA.—Porque sois mejor de lo que creéis, padre mío...

EL REY.—No. También debiera castigar a otros y tampoco lo haré. *(Con los ojos bajos.)* Soy el hombre más miserable de la Tierra.

> *(Se vuelve y sube los peldaños, cansado. Se acerca a la puerta de la izquierda.* VELÁZQUEZ *cruza.)*

VELÁZQUEZ.—¡Yo hablé, señor, yo hablé! ¡Recordadlo!

EL REY.—¡Callad! *(Se dispone a abrir la puerta. Con la mano en el pomo se vuelve hacia* VELÁZQUEZ.) ¿Destruiríais esa Venus?

VELÁZQUEZ.—Nunca, señor.

EL REY.—*(Sin mirarlo.)* Jamás la enseñaréis a nadie, ni saldrá de vuestra casa mientras viváis. *(*VELÁZQUEZ *inclina la cabeza.* EL REY *abre bruscamente la puerta.)* ¡Señores! *(Se aparta hacia su sillón, en cuyo respaldo se apoya.* EL MARQUÉS, NARDI *y* NIETO *entran y hacen la reverencia.* EL REY *habla sin mirarlos.)* Respecto a cuanto se ha revelado aquí, tomaremos medidas reservadas. Entretanto es mi voluntad que se guarde secreto y

que el trato de vuestras mercedes con el pintor Velázquez
sea el mismo de siempre. ¿Entendido?

LOS TRES.—Sí, majestad.

> *(Con un brusco ademán, EL REY recoge su
> sombrero y se lo cala, mientras camina, rá-
> pido, hacia el fondo. EL MARQUÉS se preci-
> pita a abrirle la puerta y se arrodilla al sa-
> lir EL REY. Los demás hacen lo mismo.
> VELÁZQUEZ y la infanta suben luego los
> peldaños. Se oyen, en lejanía creciente, los
> tres gritos de los centinelas: «¡EL REY!»)*

EL MARQUÉS.—*(Desde el fondo, con sequedad.)* No
habrá otro remedio que ser vuestro amigo, don Diego. Me
dejáis mandado. Alteza...

> *(Se inclina y sale, dejando la puerta
> abierta. VELÁZQUEZ lo ve salir sin hacer el
> menor movimiento.)*

NARDI.—*(Sonríe.)* Habréis visto, don Diego, que procuré hablar en lo posible a vuestro favor. Os ruego que
paséis mañana a ver mi pintura. Quiero seguir vuestros
sabios consejos acerca de las veladuras... *(Abrumado por
el silencio de VELÁZQUEZ.)* Alteza...

> *(Sale rápidamente por la puerta de la iz-
> quierda, que cierra. NIETO mira a su
> primo. Luego se inclina hacia la infanta y
> se encamina al fondo. Al salir sube tres es-
> calones y abre la otra puerta, que abate
> sobre el muro. Se vuelve y mira un segundo
> a VELÁZQUEZ. Entretanto la luz del día
> vuelve al primer término y MARTÍN entra
> por la izquierda mordisqueando el trozo de*

pan que PEDRO *dejó caer cuando lo pren-*
dían. Cansado y triste, va a sentarse a la
izquierda de los peldaños, donde sigue co-
miendo.)

VELÁZQUEZ.—*(Con una ironía desgarrada.)* ¡Tal
como estáis, os pintaría en mi cuadro, primo! ¡Es justamente lo que buscaba! *(Ríe, y pasa sin transición al*
llanto, mientras NIETO *sube los escalones y desaparece*
por el recodo.) Os pintaría... *(Se vuelve con la cara ba-*
ñada en lágrimas.) si yo volviera a pintar.

> *(Desesperadamente se oprime las manos.*
> *Durante estas palabras la infanta se acerca*
> *al bufete con los ojos húmedos y toma la pa-*
> *leta.)*

MARÍA TERESA.—Él dijo que vos debíais pintar. Pintaréis ese cuadro, don Diego..., sin mí. *(Se va acercando.)*
Yo ya no debo figurar en él. Tomad.

> *(Le desenlaza suavemente las manos y le da*
> *la paleta.)*

VELÁZQUEZ.—*(Se arrodilla y le besa la mano.)* ¡Que
Dios os bendiga!
MARÍA TERESA.—Sí... Que Dios nos bendiga a todos...
y a mí me guarde de volverme a adormecer.

> *(Retira su mano y sale, rápida, por el fondo.*
> VELÁZQUEZ *se levanta y mira su paleta,*
> *que empuña.)*

MARTÍN.—La historia va a terminar... Yo la contaré por
las plazuelas y los caminos como si ya la supiera... Estoy

solo y me volveré loco del todo: siempre es un remedio. *(Las cortinas del primer término se corrieron ante la inmóvil figura de* VELÁZQUEZ. *La luz vuelve a decrecer. La vihuela toca dentro la* Fantasía *de Fuenllana.)* Se reirán de mi simpleza y yo fingiré que he visto el cuadro. Pedro, casi ciego, decía de él cosas oscuras, que no entiendo, pero que repetiré como un papagayo. *(Mira el pan.)* Pedro... *(Las cortinas empiezan a descorrerse muy despacio.)* Decía: será una pintura que no se podrá pagar con toda la luz del mundo... Una pintura que encerrará toda la tristeza de España. Si alguien me pintara un cartelón para las ferias, podría ganar mi pan fingiendo que los muñecos hablan... *(Las cortinas se han descorrido. La luz se fue del primer término.* MARTÍN *es ahora una sombra que habla. A la derecha de la galería, hombres y mujeres componen, inmóviles, las actitudes del cuadro inmortal bajo la luz del montante abierto. En el fondo,* NIETO *se detiene en la escalera tal como lo vimos poco antes. La niña mira, cándida; el perro dormita. Las efigies de los reyes se esbozan en la vaga luz del espejo. Sobre el pecho de* VELÁZQUEZ, *la cruz de Santiago. El gran bastidor se apoya en el primer término sobre el caballete.)* ¡Ilustre senado, aquel es don Diego Ruiz, que ni cara tiene de simple que es! Dice:

RUIZ DE AZCONA.—Hay quien se queja, doña Marcela... Pero nuestra bendita tierra es feliz, creedme... Como nosotros en Palacio...

MARTÍN.—Mientras doña Marcela piensa:

D.ª MARCELA.—No sucedió nada... Estoy inquieta... Ahora, cuando lo miro, sé que lo he perdido para siempre.

MARTÍN.—Y los demás...

NICOLASILLO.—¡Despierta, León, despierta!

MARTÍN.—Pero tampoco sabe lo que dice, como yo.

D.ª ISABEL.—Dicen que en Toledo una fuente mana piedras preciosas...

D.ª AGUSTINA.—En Balchín del Hoyo han encontrado, al fin, barras de oro... [43]

MARI BÁRBOLA.—Nada sucedió... Dios bendiga a don Diego.

MARTÍN.—Esa mosca negra del fondo nada dice. Pero Vista de Lince la mira y piensa...

NICOLASILLO.—El señor Nieto está llorando...

MARTÍN.—La infantita calla. Aún lo ignora todo. Don Diego la ama por eso y porque está hecha de luz. ¿Y él? ¿Qué pensará don Diego, él, que lo sabe todo?

(Una pausa.)

VELÁZQUEZ.—Pedro... Pedro...

(La música crece. MARTÍN come su pan.)

TELÓN

---

[43]   Hallazgos como los aquí evocados los comunica Barrionuevo en distintos párrafos de sus *Avisos*. El de las barras de oro apareció el 30 de agosto de 1656 (I, cit., pág. 305); junto a la noticia del tesoro ya conocido ofrece la de otro encontrado en «la cueva de la Judía». La descripción de este último descubrimiento, hecho por un pastor, recuerda a las de los cuentos de la tradición oriental de *Las mil y una noches*. El cronista salva su credibilidad después del fantástico relato, apostillando: «Me lo han referido como lo cuento [...]. Todo este año va de tesoros. Plegue a Dios que no paren todos en humo como los más de este género suelen ser».

GUÍA DE LECTURA

por Virtudes Serrano

CRONOLOGÍA

de Antonio Buero Vallejo

1916: Nace el 29 de septiembre en Guadalajara. Hijo de don Francisco Buero, Capitán de Ingenieros del Ejército, y de doña María Cruz Vallejo. Su hermano Francisco había nacido en 1911 y, unos años después, su hermana Carmen.

1926-1933: Bachillerato en su ciudad natal y en Larache (Marruecos), por destino temporal de su padre. Atraído por el dibujo y la pintura, lee también muchos textos dramáticos de la biblioteca paterna; con él asiste con frecuencia al teatro.

1934-1936: Estudios en la Escuela de Bellas Artes de San Fernando, en Madrid. Comenzada la guerra civil, colabora con la Junta de Salvamento Artístico.

1937-1939: Cuando es movilizada su quinta, Buero sirve a la República en varios destinos. Escribe y dibuja en un periódico del frente y participa en otras actividades culturales. En un hospital de Benicasim conoce a Miguel Hernández. Al finalizar la guerra se encuentra en Valencia y es recluido en un campo de concentración en Soneja (Castellón). Una vez en Madrid, es detenido y condenado a muerte en juicio sumarísimo por «adhesión a la rebelión».

1939-1946: La condena a la pena capital se mantiene durante ocho meses, en los que fueron ejecutados cuatro compañeros de su grupo. La condena le es conmutada por la de cadena perpetua; sufre reclusión en diversas prisiones. En la de Conde de Toreno hace el conocido retrato de Miguel Hernández y los de otros muchos compañeros.

1946: Después de sucesivas rebajas de la condena, se le concede la libertad condicional con destierro de Madrid (reside en Carabanchel Bajo). Deja la pintura y comienza a escribir teatro.

1947-1948: Puede vivir en Madrid gracias a un indulto total. Presenta dos obras, *En la ardiente oscuridad* e *Historia de una escalera*, al Premio Lope de Vega del Ayuntamiento de Madrid.

1949: *Historia de una escalera* recibe el Premio Lope de Vega y es estrenada en el Teatro Español de Madrid el 14 de octubre. Ante el gran éxito de público y crítica, la obra permanece en cartel hasta el 22 de enero de 1950; el 19 de diciembre había dejado paso por una noche a *Las palabras en la arena*, primer premio de la Asociación de Amigos de los Quintero.

1950: Estreno de *En la ardiente oscuridad* (Teatro María Guerrero, 1 de diciembre). Versión cinematográfica de *Historia de una escalera* dirigida por Ignacio F. Iquino.

1952: Estreno de *La tejedora de sueños* (Teatro Español, 11 de enero) y de *La señal que se espera* (Teatro Infanta Isabel, 21 de mayo). Primer estreno en el extranjero: *En la ardiente oscuridad,* en el Riviera Auditorium de Santa Bárbara (California) el 4 de diciembre.

1953: Estreno de *Casi un cuento de hadas* (Teatro Alcázar, 10 de enero) y de *Madrugada* (Teatro Alcázar, 9 de diciembre).

1954: Prohibición de representar *Aventura en lo gris,* cuya publicación en la revista *Teatro* se permite. Estreno de *Irene, o el tesoro* (Teatro María Guerrero, 14 de diciembre).

1956: Estreno de *Hoy es fiesta* (Teatro María Guerrero, 20 de septiembre). Premios Nacional de Teatro y «María Rolland».

1957: Estreno de *Las cartas boca abajo* (Teatro Reina Victoria, 5 de diciembre). Premio Nacional de Teatro. Versión cinematográfica de *Madrugada* dirigida por Antonio Román.

1958: Estreno de *Un soñador para un pueblo* (Teatro Español, 18 de diciembre). Premios Nacional de Teatro y «María Rolland».

1959: *Hoy es fiesta* recibe el Premio de Teatro de la Fundación Juan March, y *Un soñador para un pueblo,* el de la Crítica de Barcelona. Película argentina basada en *En la ardiente oscuridad* dirigida por Daniel Tynaire (en España se distribuyó en 1962 con el título *Luz en la sombra).* Contrae matrimonio con la actriz Victoria Rodríguez.

1960: Nace su hijo Carlos. Estreno de *Las Meninas* (Teatro Español, 9 de diciembre), su mayor éxito de público hasta entonces.

1961: Nace su hijo Enrique. Estreno de su versión de *Hamlet, príncipe de Dinamarca,* de Shakespeare (Teatro Español, 15 de diciembre).

1962: Estreno de *El concierto de San Ovidio* (Teatro Goya, 16 de noviembre). Premio «Larra».

1963: Estreno de *Aventura en lo gris* en su versión definitiva (Teatro Club Recoletos, 1 de octubre). Actor en *Llanto por un bandido,* de Carlos Saura. La revista *Cuadernos de Ágora* le dedica un monográfico. Firma, con otros cien intelectuales, una carta de protesta por el trato de la policía a algunos mineros asturianos, lo que produce «el desvío de editoriales y empresas». Muere su madre.

1964: *La doble historia del doctor Valmy* es presentada dos veces a censura pero no obtiene autorización.

1966: Estreno de su versión de *Madre Coraje y sus hijos,* de Bertolt Brecht, que la censura había impedido con anterioridad (Teatro Bellas Artes, 6 de octubre). Conferencias en universidades de Estados Unidos.

1967: Estreno de *El tragaluz* (Teatro Bellas Artes, 7 de octubre). Premios «El Espectador y la Crítica» y «Leopoldo Cano». Actor en *Oscuros sueños de agosto,* de Miguel Picazo.

1968: Reposición de *Historia de una escalera* (Teatro Marquina, 31 de marzo). Estreno de *La doble historia del doctor Valmy,* prohibida en España, en Chester (Gateway Theater, 22 de noviembre, versión inglesa). Publicación en *Primer Acto* de *Mito,* libreto para una ópera sobre Don Quijote que no se ha estrenado.

1969: Miembro honorario de «The American Association of Teachers of Spanish and Portuguese».

1970: Estreno de *El sueño de la razón* (Teatro Reina Victoria, 6 de febrero). Premios «El Espectador y la Crítica» y «Leopoldo Cano». Estreno de *La doble historia del doctor Valmy,* en español, en Vermont (Estados Unidos).

1971: Elegido miembro de número de la Real Academia Española para ocupar el sillón X. Miembro de la «Hispanic Society of America». Estreno de *Llegada de los dioses* (Teatro Lara, 17 de septiembre). Premio «Leopoldo Cano».

1972: Discurso de ingreso en la Real Academia Española (21 de mayo): «García Lorca ante el esperpento».

1973: Publica *Tres maestros ante el público.*

1974: Estreno de *La Fundación* (Teatro Fígaro, 15 de

enero). Premios «Mayte», «El Espectador y la Crítica», «Leopoldo Cano», «Long Play», «Le Carrousel» y «Foro Teatral».

1976: Estreno en España de *La doble historia del doctor Valmy* (Teatro Benavente, 29 de enero). Medalla de Oro de *Gaceta Ilustrada*.

1977: Estreno de *La detonación* (Teatro Bellas Artes, 20 de septiembre). Premio «El Espectador y la Crítica». Participa en Caracas en la IV Sesión Mundial del Teatro de las Naciones.

1978: Homenaje en Nueva York en una sesión extraordinaria de la Modern Language Association. Las intervenciones de los ponentes y del autor se reproducen en un monográfico de la revista *Estreno*.

1979: Estreno de *Jueces en la noche* (Teatro Lara, 2 de octubre). Edición en la Universidad de Murcia de *El terror inmóvil,* inédito desde su composición en 1949. Invitado de honor en el Congreso de la Asociación Alemana de Hispanistas, dedicado a su obra. Se da el nombre de Antonio Buero Vallejo a un Instituto de Bachillerato de Guadalajara.

1980: Conferenciante en las Universidades de Friburgo, Neuchâtel y Ginebra. Medalla de Plata del Círculo de Bellas Artes de Madrid. Premio Nacional de Teatro por el conjunto de su producción.

1981: Estreno de *Caimán* (Teatro Reina Victoria, 10 de septiembre). Premios «El Espectador y la Crítica» y «Long Play». Viaje a la URSS para asistir al Congreso de la Unión de Escritores. Reposición de *Las cartas boca abajo* (Teatro Lavapiés, 14 de octubre).

1982: Estreno de su versión de *El pato silvestre,* de Ibsen (Teatro María Guerrero, 26 de enero).

1983: Oficial de las Palmas Académicas de Francia.

1984: Estreno de *Diálogo secreto* (Teatro Victoria Eugenia de San Sebastián, 6 de agosto). Premios

«El Espectador y la Crítica», «Long Play» y «Ercilla». Medalla Valle-Inclán de la Asociación de Escritores y Artistas. *ABC* de Oro.

1985: El Ayuntamiento de Guadalajara crea el Premio de Teatro Antonio Buero Vallejo.

1986: Reposición de *El concierto de San Ovidio* (Teatro Español, 25 de abril); con ese motivo se celebra en el Teatro Español de Madrid un Seminario Internacional acerca de esa obra y una Exposición. Monográfico de *Cuadernos El Público.* En un accidente fallece su hijo menor, el actor Enrique Buero Rodríguez. Premio Pablo Iglesias. Estreno de *Lázaro en el laberinto* (Teatro Maravillas, 18 de diciembre). Premio «El Espectador y la Crítica». Premio «Miguel de Cervantes», que se otorga por vez primera a un dramaturgo.

1987: Exposición sobre Buero en la Biblioteca Nacional. Hijo predilecto de Guadalajara y Medalla de Oro de esa ciudad. Consejero de honor de la Sociedad General de Autores. Asiste en Murcia al Simposio Internacional «Buero Vallejo (Cuarenta años de Teatro)». Número monográfico de la revista *Anthropos.*

1988: Medalla de Oro de la Comunidad de Castilla-La Mancha. Socio de honor de la Asociación de Escritores y Artistas. Adaptación cinematográfica de *Un soñador para un pueblo,* dirigida por Josefina Molina, con el título de *Esquilache.*

1989: Estreno de *Música cercana* (Teatro Arriaga de Bilbao, 18 de agosto). En Málaga asiste al Congreso de Literatura Española dedicado a su obra.

1991: Buero Vallejo: El Hombre y su Obra, primer concurso de la editorial Espasa Calpe (Colección Austral). Reposición de *El sueño de la razón* (Teatro Rialto de Valencia, 16 de mayo). Homenaje del Patronato Municipal de Cultura del

Ayuntamiento de Guadalajara. Presidente de Honor de la Asociación de Autores de Teatro. Edición de *Tentativas poéticas,* que recoge sus poemas.

1993: Homenaje en la I Muestra de Teatro Español de Autores Contemporáneos de Alicante. Publicación de *Libro de estampas,* presentado por el autor en Murcia. Medalla de Oro al Mérito en las Bellas Artes.

1994: Representación de *El sueño de la razón* en el Centro Dramático Nacional (Teatro María Guerrero, 15 de septiembre) y en el Dramatem de Estocolmo. Estreno de *Las trampas del azar* (Teatro Juan Bravo de Segovia, 23 de septiembre). Publicación de la *Obra Completa* en la editorial Espasa Calpe.

1995: Se da el nombre de Antonio Buero Vallejo al Teatro de Alcorcón (Madrid).

1996: Jornadas de «Teatro y Filosofía» en la Universidad Complutense sobre el teatro de Buero. Homenajes del Ateneo de Madrid, de la Asociación de Autores de Teatro, del Festival de Otoño y de la Universidad de Murcia. Número monográfico de la revista *Montearabí.* Premio Nacional de las Letras Españolas, por primera vez concedido a un autor teatral.

1997: Reposición de *El tragaluz* (Teatro Lope de Vega de Sevilla, 15 de enero). Medalla de Honor de la Universidad Carlos III de Madrid. Medalla de la Universidad de Castilla-La Mancha. Medalla de Oro de la Provincia de Guadalajara. Banda de Honor de la «Orden de Andrés Bello» de la República de Venezuela.

1998: Concluye *Misión al pueblo desierto,* por ahora su última obra. El Centro Dramático Nacional realiza un nuevo montaje de *La Fundación.*

1999: *La Fundación* se representa en el Teatro María Guerrero (27 de enero). Premio de Honor en los Max de las Artes Escénicas.

DOCUMENTACIÓN COMPLEMENTARIA

1. EL AUTOR Y SU TEATRO

«Lo que mi teatro es, no lo sé; de lo que intenta ser, sí estoy algo mejor enterado. Intenta ser, por lo pronto, un revulsivo. El mundo está lleno de injusticias y de dolor: la vida humana es, casi siempre, frustración. Y aunque ello sea amargo, hay que decirlo. Los hombres, las sociedades, no podrán superar sus miserias si no las tienen muy presentes. Por lo demás, mi teatro no se singulariza al pretenderlo: esa es la pretensión común a todo verdadero dramaturgo. La miseria de los hombres y de la sociedad debe ser enjuiciada críticamente; la grandeza humana que a veces brilla en medio de esa miseria también debe ser mostrada. Considerar nuestros males es preparar bienes en el futuro; escribir obras de intención trágica es votar porque un día no haya más tragedias.

»El dramaturgo no sabe si eso llegará a suceder, aunque lo espera. Y, como cualquier otro hombre que sea sincero, no tiene en su mano ninguna solución garantizada de los grandes problemas; sólo soluciones probables, hipótesis, anhelos. Su teatro afirmará muchas cosas, pero problematizará muchas otras. Y siempre dejará —como la vida misma— preguntas pendientes.»

(Antonio Buero Vallejo, «Acerca de mi teatro», texto de hacia 1972 publicado por vez primera en *Obra Completa*, II, edición crítica de Luis Iglesias Feijoo y de Mariano de Paco, Madrid, Espasa Calpe, 1994, pág. 458.)

2. RECEPCIÓN DE LA OBRA. OPINIONES DE LA CRÍTICA
PERIODÍSTICA POSTERIOR AL ESTRENO

Anoche se estrenó en el Español, con extraordinarios deco-
rados y figurines de Burgos y una dirección estupenda de José
Tamayo [...], *Las Meninas,* de Antonio Buero Vallejo. La obra
obtuvo un éxito extraordinario, se interrumpieron frases y frases con encendidas ovaciones [...]. La interpretación fue realmente ejemplar, y todos cuantos intervinieron en ella merecen
cumplido elogio, desde Carlos Lemos, que dio vida heroica al
protagonista, a Victoria Rodríguez, que hizo una «Infanta» con-
movedora y humana [...]. Buero, sobre el hilo de la historia
como simple paisaje de fondo, ha inventado un Velázquez rebelde y ha puesto en sus labios frases y parlamentos de censura
acerba contra los excesos del poder, la arbitrariedad, la injusticia, el abuso y la opresión. De la misma manera, el resto de los
personajes arrancados de los cuadros del inmortal pintor o del
círculo familiar o cortesano en que se movió son también entes
imaginarios en cuanto a sus sentimientos y sus palabras. Con-
signada esta salvedad, y también la que afecta a ciertas expresiones que no por mal intencionadas, sino por exceso de ardor,
hasta parecen demagógicas, lo que conviene decir de *Las Meninas* es que es una gran obra de teatro, quizá la más completa y
ambiciosa salida de la pluma de este autor. [...] Buero no ha
pretendido sentar su tesis de un modo objetivo, imparcial, sino
subjetivamente, apasionadamente, combinando los hechos y las
figuras con arreglo a su personal postura y criterio. ¿Ha conse-
guido todo lo que se proponía? Creemos que sobradamente. *Las
Meninas* es una soberbia obra de teatro por su estudio y su desarrollo, por su onda expansiva y por sus innegables y firmes
valores escénicos.

(Alfredo Marqueríe, «En el Teatro Español se estrenó *Las
Meninas,* de Buero Vallejo», *ABC,* 10 de diciembre de 1960,
pág. 79.)

*

Con un éxito grandioso, con incesantes aplausos que obligaron a saludar reiteradamente a actores, director y autor, y que requirieron unas palabras de éste, se estrenó anoche en el Teatro Español una fantasía velazqueña en dos partes, original de Buero Vallejo, titulada *Las Meninas*. [...] Buero Vallejo denomina a sus *Meninas* «fantasía velazqueña». Ahí está la clave. Pero las fantasías acerca de figuras o temas históricos entrañan el grave riesgo de la irrespetuosidad, del desbordamiento imaginativo. Sólo con profunda sensibilidad de poeta y con respetuoso rigor de dramaturgo se pueden acometer estas empresas. Buero Vallejo ha tenido sensibilidad y rigor. Ha «inventado» pero con lícita medida, con la medida necesaria para enriquecer anecdóticamente, dramáticamente, la figura de Velázquez. Buena parte de lo que pasa en el escenario no pasó en la historia. Pero, sin que sea fácil recurso de disculpa, pudiéramos decir que bien pudo haber ocurrido. En último término, ni Velázquez sale desfigurado ni la historia atropellada. A un poeta, sobre todo cuando tiene talento le son lícitas —necesarias, más bien— determinadas licencias. Tomarlas con tino y discreción es indispensable. Si se hace así no hay lugar a reproche. Buero lo ha hecho así. [...] Como dijo el autor al final, la obra encontró director y compañía. [...] Casi todos los actores y actrices fueron brillantes. [...] Carlos Lemos se ha apuntado uno de los grandes triunfos de su carrera; [...] Victoria Rodríguez, y eso que su papel no es nada agradecido, fue una deliciosa, una maravillosa infanta María Teresa, a la que el autor ha dado mucho de lo mejor de su fantasía. [...] Un Velázquez traído amorosamente a 1960 en una bellísima creación literaria.

(Pedro Barceló, «*Las Meninas*, de Buero Vallejo, en el Español», *El Alcázar*, 10 de diciembre de 1960, pág. 31.)

*

La pintura de Velázquez, amén de hazaña estética, parece suponer un juicio, o quizá una idea, de España, y esta parece ser la pista que siguió Buero para la reconstrucción de su ser moral, para su concepción de Velázquez como pintor revolucionario y hombre esencialmente rebelde. [...] Que si la figura de Velázquez es también una hipótesis bien labrada, la del Rey es un gran retrato dramático. [...] Quizá haya que hacer algunas leves objeciones, pero es esta una ocasión en que sería feo hacerlas, por leves que fuesen. No recuerdo el estreno de *Historia de una escalera*. No creo que haya sido más franco y entusiasta que éste. La excepcional conjunción de elementos plásticos, escénicos, interpretativos ha hecho posible que un texto igualmente excepcional fuese «puesto en pie», como dicen los cómicos.

(Gonzalo Torrente Ballester, *Arriba,* 10 de diciembre de 1960, pág. 25.)

*

La habilidad del autor estriba, fundamentalmente, en haber forjado, para sus nobles fines, una especie de Quevedo que pintaba firmándose Velázquez. Esto no lo dice el autor: lo decimos nosotros, porque las etapas de decadencia y corrupción del país se han sucedido, con breves interregnos, a lo largo del tiempo, y el de Quevedo fue, cierta y desventuradamente, uno de ellos. Pero contra la sumisión y el silencio, la intriga y la desmoralización, pudieron levantarse voces seguras y tajantes y el Velázquez de Buero Vallejo es una de ellas... ¿Por qué no? Si es una licencia del poeta, mejor para el poeta, porque de su experimento sale bien parada la verdad y maltrecha y corrida la superchería y el amaño. [...] Los elementos que completaron la representación, desde lo plástico a lo mecánico, desde lo interpretativo a lo anecdótico, se concentraron a perfección [...]. Emilio Burgos remontó magistralmente el problema escenográfico y José Tamayo el de dirección. Los aplausos se iniciaron no más levantarse el telón y ya no concluyeron mas que acrecentándose [...]. Fue en verdad una noche de triunfos compartida en sus respectivas corporizaciones por los bellos oficios de Victoria Rodríguez, Carlos Lemos, Javier Loyola, Anastasio Alemán y demás compañeros de reparto. Buero Vallejo, entre aclamaciones, tuvo que dirigir la palabra al público. Pocas veces hemos asistido a un estreno tan compensador y rotundo como éste.

(Sergio Nerva, «*Las Meninas*, de Antonio Buero Vallejo», *España*, 16 de diciembre de 1960, pág. 3.)

*

Lo que el señor Buero ha escrito esta vez es una noble y valiente defensa del intelectual. Velázquez era un intelectual, y lo es de modo muy especial en la versión que de él nos da el autor dramático. Era también un aristócrata (en el mejor sentido del término) y lo es igualmente ahora en el escenario del Teatro Español. Y esas dos condiciones, que al parecer correspondieron al modelo vivo, y que el señor Buero amplifica con su arte de hombre de teatro, son las que nos permiten asistir al choque entre dos mundos: el particular de los individuos excepcionales y el colectivo y social del medio ambiente en que aquéllos actúan. [...] El señor Buero acertó primero en la selección del tema, después volvió a acertar en la técnica teatral empleada [...] y repitió el acierto a la hora de establecer la proporción de fuerzas, aparentemente desiguales, y de conducir al triunfo más noble. [...] Lo que ofrece en *Las Meninas* es el destino trágico del intelectual que por serlo permanece aislado en medio de la gloria y el triunfo. Podría decirse que en este caso quien gana la gran batalla es, pura y simplemente, la virtud: la virtud de Velázquez y la virtud del señor Buero Vallejo, hombre honrado y con muchísimo talento. Hubo, como era de esperar, una ovación verdaderamente clamorosa al término de la representación, además de los aplausos que en distintos momentos cortaron la representación y en un caso determinado obligaron a Carlos Lemos a repetir el parlamento que había quedado en suspenso.

(Adolfo Prego, «*Las Meninas*, de Buero Vallejo, en el Español», *Informaciones*, 10 de diciembre de 1960, pág. 6.)

*

Para nuestro gusto personal, Buero ha escrito una comedia de primer orden. Tiene en su primera parte lo que llamaríamos una morosidad medida. Si en algún instante el espectador querría precipitar la marcha, no se tarda en advertir que todo tiene allí un porqué, que no existe la escena de relleno, que casi no existe la palabra ociosa. El equilibrio de la construcción, que es una de las virtudes teatrales innatas de Buero Vallejo, nos debe tornar cautos antes de decidir que una escena expositiva se prolonga con exceso. [...] En cuanto al diálogo, yo creo que nunca ha alcanzado el autor un ajuste más perfecto al modelo de un diálogo teatral. [...] Hemos de decir que la dirección y la interpretación colaboraron espléndidamente. [...] La espectacularidad reside principalmente en la calidad de todo, en una armonía de elementos artísticos que nos brinda un conjunto lleno de severa dignidad, a tono con los cuadros grandes de Velázquez, donde la belleza del conjunto no ahoga la precisión y acierto del detalle.

(Nicolás González Ruiz, «Estreno de *Las Meninas*, de Buero Vallejo, en el Español», *Ya*, 10 de diciembre de 1960, pág. 27.)

*

Era necesario un gran dominio de la técnica teatral para obtener de las muy limitadas posibilidades de un escenario la eficacia expresiva que Buero Vallejo consigue en esta pieza, y en tal aspecto debe constatarse cómo su habilidad constructiva ha logrado superar todas las dificultades —bien secundado por el director y el escenógrafo— dando a la acción la deseable continuidad. Al margen del mérito que esto entraña en cuanto a capacidad del autor para resolver problemas de técnica teatral, debe ser anotada la ejemplar honestidad profesional que se revela en el hecho mismo de realizar una obra que por su complicado montaje y extenso reparto no ha de poder nunca ser objeto de explotación comercial al uso. A Buero Vallejo le sobra talento y recursos para escribir comedias de cinco o seis personajes y un solo decorado, de esas que tras su estreno en Madrid pueden ser representadas por cualquier compañía sin esfuerzo. Si no lo hace, si voluntariamente sacrifica toda posibilidad de ulterior explotación de su obra, es sin duda porque entiende el teatro como un arte antes que como un negocio.

(Juan Emilio Aragonés, «*Las Meninas*, de A. Buero Vallejo», *La Estafeta Literaria,* 208, 1 de enero de 1960, pág. 16.)

*

Al levantarse el telón se suscita en la sala un murmullo de sorpresa, de complacencia, de admiración. La escena representa la reproducción de un conocido cuadro de Velázquez. Todos están allí: todos los que Velázquez está pintando. Velázquez tiene —en el cuadro auténtico— cierto aire jactancioso. Velázquez era un gran pintor y, a la vez, un gran psicólogo. Hay en su cuadro como un ambiente de tedio y de cansancio que es el cansancio y el tedio de una entera nación. En el fondo del cuadro, un caballero, en una puertecita, acentúa, con su indecisión, este sentir indecible del cuadro y de España. [...] Sentimos simpatía por Buero Vallejo. Es nuestro, de nuestra España, de nuestro tiempo.

(Azorín, «Recuadro de escenografía», *ABC,* 5 de enero de 1961, pág. 75.)

*

Desde hace unos años las contadas alegrías que nos proporcionan las temporadas teatrales madrileñas se las debemos, casi con exclusividad, al señor Buero Vallejo. [...] Hoy, Buero Vallejo está abocado a convertirse en el símbolo de la pugna que nuestra escena libra consigo misma para hacerse digna de su afamada tradición, y a mi juicio con justicia, pues de los varios,

y seguramente buenos, autores, que se esfuerzan por trabajar en
pro del teatro español sin restringirse a vivir simplemente de él,
es éste el único que podemos decir que ha logrado el favor de
amplios medios sociales de nuestro país e influir positivamente
en ellos. [...] Su obra es sólida desde la base misma; o sea:
desde el carácter de las personas que la pueblan. De ahí que sea
ejemplar, convincente. [...] Así el Velázquez de Buero Vallejo
es un intelectual de vieja estirpe española [...]. Aquel «¡Pedro!»
«¡Pedro!» con que la obra de Buero se cierra es, en el fondo, la
más sintética lección de historia que he oído nunca.

(Ángel Fernández Santos, «*Las Meninas*, de Antonio Buero
Vallejo», *Índice*, 145, enero 1961, págs. 27 y 28.)

*

Antonio Buero Vallejo ha creado un teatro histórico inconfundiblemente suyo. [...] *Las Meninas* constituye una admirable
prueba de cómo se puede hacer teatro histórico y social donde
ciertas constantes de la vida española aparecen fielmente refle-
jadas —condensadamente— y son estas unas características
que interesan al hombre de nuestros días y que le afectan como
podían afectarle al hombre de aquella época, puesto que entonces *no eran anacrónicas*.

(Rafael Vázquez Zamora, «*Las Meninas*, de Buero Vallejo,
en el Español», *Ínsula*, 170, enero 1961, pág. 15.)

TALLER DE LECTURA

El género dramático reúne dos realidades: la del *texto literario*, en el que residen los valores estilísticos derivados de la *función poética* a la que está sometido en ellos el lenguaje; y la virtualidad de un espectáculo *(texto espectacular),* de donde proceden los datos para la *espacialización* o puesta en escena. El lector de teatro debe colocarse en situación de percibir el mensaje estético que emana de la forma y construir su propia dramatización, a partir de las nociones constructivas de puesta en pie que se le facilitan desde las múltiples indicaciones explícitas o implícitas contenidas en las *acotaciones* o *didascalias* con que el autor matiza la narración de los hechos y la caracterización de los personajes. Si se tiene en cuenta que un *drama* conjuga ambos elementos es posible captar toda la riqueza de su conjunto. Sería erróneo pensar que cada uno de estos planos vive independiente del otro; ambos se entrelazan y conectan para formar la pieza teatral. Para leer teatro, pues, es preciso colocarse en situación de percibir el mensaje literario y *contemplar* a un tiempo el espectáculo; sin olvidar que elementos constructivos y estéticos se encuentran en relación con el pensamiento de su autor y están organizados, según la época de su escritura, de acuerdo con unas coordenadas precisas de carácter político-ideológico, social y ético-individual. Sólo analizando todas y cada una de las facetas es posible disfrutar de la riqueza del conjunto y penetrar en la hondura de sus planteamientos. Lo que proponemos a continuación es un modelo posible de lectura dramatúrgica, en la que se pretende llamar la atención sobre los formantes del género en todos sus niveles a partir de su formulación escrita.

La pieza de la que nos vamos a ocupar es, como se sabe, un bellísimo texto literario y una arriesgada propuesta de puesta en escena que se realizó con éxito en 1960 (véanse las críticas periodísticas en el apartado de «Documentación complementaria» que precede). Quien se acerca a su lectura (lamentablemente no ha vuelto a reponerse en los escenarios de nuestro país. En 1967 la emitió la Televisión Bratislava, en versión de Vladimir Oleriny; y en 1982 se representó en el Teatro Nacional de Timişoara, Rumanía, en versión de Cristina Hăulică) ha de considerar, sin duda, la vigencia que el texto conserva y las posibilidades que ofrece de nuevas y renovadoras puestas en escena. Fenómeno éste, el de la vigencia del teatro bueriano y su posibilidad de ser adaptado a los nuevos tiempos, las nuevas estéticas y las nuevas máscaras que la injusticia adopta, que se ha podido comprobar en la temporada 1998-1999 con la magnífica puesta en escena de otra de sus obras señeras, *La Fundación,* llevada a cabo por Juan Carlos Pérez de la Fuente en el Centro Dramático Nacional.

I. CLAVES PARA UNA LECTURA DRAMATÚRGICA

1. SOBRE EL CONTENIDO

1.1. El texto dramático es un acto comunicativo y, por tanto, dotado de significado. Una primera aproximación muestra una historia *(fábula)* que tiene lugar durante un tiempo, ubicada en un espacio y llevada a cabo por personajes. Con ella, el autor expresa algo que le preocupa, le atrae o llama su atención *(tema)* y lo dirige al público (variable en cada momento de lectura o representación) con el fin de captar su interés. Para conseguirlo, coloca a sus personajes en situaciones de conflicto *(trama)* que alterarán su destino durante el relato escénico mediante cambios en su estado o variación del curso de sus vidas *(peripecia)*. La modalidad de *teatro histórico* a la que pertenece el texto objeto de este análisis supone un proceso de *intertextualidad* que condiciona estos elementos; por otra parte, la intención de proyectar el presente a partir de la contemplación del pasado, es otro factor que modifica el punto de vista del receptor y, por supuesto, el planteamiento analítico. El teatro de tema histórico conjuga dos *historias:* la de la obra en su propio contexto (tiempo elegido para la *fábula*) y la del espectador del momento de la recepción con el suyo. Habrá de tenerse en cuenta el concepto «historiar», adaptando su significado al brechtiano *historizar,* que contiene la noción de mostrar a los personajes bajo su aspecto histórico, efímero; y a los acontecimientos bajo su luz social relativa y transformable. Aconsejamos revisar el apartado «Antonio Buero Vallejo y el teatro histórico» incluido en la Introducción.

 — Delimítese el *tema* o *asunto* principal teniendo en cuenta cuáles son las preocupaciones del protagonista y qué pretenden conseguir él y su principal coadyuvante en la acción dramática, la infanta María Teresa.

Dos conceptos dominan el desarrollo de todo el suceso dramatizado: uno se relaciona con la tarea del artista y con él se formula el tema de la *libertad;* el otro es la búsqueda de la *verdad* que lleva a cabo la infanta.

— Analícense las secuencias en las que estos dos ejes temáticos se ofrezcan con más claridad. Para el primero puede tenerse en cuenta el conflicto producido a partir del cuadro de la *Venus,* y la necesidad de expresión del intelectual en y para su sociedad. El segundo se puede apoyar en el diálogo que Velázquez y la infanta María Teresa sostienen en la primera parte.

— Debe analizarse también el concepto de *verdad,* opuesto al de *falsedad* y *mentira,* con relación a otros personajes y distintas situaciones, por ejemplo, durante la primera parte entre Pareja y Velázquez, o entre Mari Bárbola y Nicolasillo Pertusato.

En la segunda parte, el tema de la verdad se enseñorea de la escena durante el «examen» al que se intenta someter al pintor, aunque, en realidad, éste invierte los términos y es él el examinador.

 — Señálese el camino por el que se llega a las *distintas verdades* y la influencia que éstas tienen en el desarrollo de la situación y los personajes.

— La ceguera, como signo y como símbolo, tiene mucho que ver con el concepto de *verdad.* Pedro ha sido castigado por no aceptar la mentira y se presenta ante el receptor ciego pero certero perceptor de la verdad (siguiendo el clásico mito de Tiresias, él ve con mayor claridad que los que no han perdido la visión). Analícese esta faceta del tema y relaciónese con la manera en que Buero lo formula en otras obras. Para ello pueden releerse *En la ardiente oscuridad, El concierto de San Ovidio* y *Llegada de los dioses.*

— Puede realizarse el análisis del concepto de verdad, unido al de deficiencia física o psicológica, en otras muchas obras, con el fin de comprobar que es una de las constantes temáticas del autor. Para facilitar la tarea de elección a los más jóvenes, recomendamos la lectura de *Hoy es fiesta, El tragaluz, El sueño de la razón, La Fundación,* prestando especial atención a los personajes de Pilar, El padre, Goya y Tomás.

Dada la complejidad ya apuntada de la pieza que comentamos sería conveniente proceder a desentrañar y distinguir los distintos *elementos temáticos* de valor subsidiario que en ella confluyen y enriquecen el eje principal. Para ello se atenderá a los dos niveles o tiempos en los que se desarrolla la historia dramatizada: el de los sucesos históricos y el de la recepción de la pieza.

 — Analícese el subtema político, en el reinado de Felipe IV; en el momento del estreno del texto en 1960; y relaciónese con lo que sucede en la actualidad (1999). Puede tomarse como base el diálogo que Velázquez y el Marqués sostienen en la primera parte sobre la oposición de los barrenderos a desempeñar su trabajo. El Marqués negará la existencia del problema porque «tal descontento no puede existir en palacio; luego no existe». Enseguida viene a nuestra mente el proceder de los censores que obligaban a cambiar los nombres y referencias españoles por otros extranjeros, como sucedió con *La doble historia del doctor Valmy.* En el informe de censura de esta obra se pedía expresamente «la extranjerización de los nombres» y «la lejanía del país donde se desarrollan los hechos», porque no podía pensarse que hechos como ese sucedieran en España. Respecto a la manipulación política de la verdad en nuestros días sólo hay que leer una misma noticia en periódicos de distinto signo o conectar diversas cadenas de televisión con un mismo mensaje.

— Para completar el análisis del tema político pueden considerarse también secuencias como las que tienen lugar entre el Marqués y el Rey, o entre el noble y Nardi.

— Dentro del apartado de elementos temáticos, pueden ser analizadas: las relaciones familiares (Velázquez, doña Juana, José Nieto Velázquez; Felipe IV y su hija María Teresa); las laborales (los pintores y Velázquez; los enanos entre sí); o las de amistad (Velázquez con Pedro, la Infanta o Juan de Pareja).

— El mismo ejercicio puede efectuarse con el tema del *posibilismo;* el concepto de lealtad, el tema de la culpa, la actitud de los personajes ante el hecho artístico.

— Sería interesante la puesta en cuestión y posterior discusión por equipos de esta y otras propuestas temáticas que la lectura del texto sugiera.

— Realícese un breve resumen de la *trama.*

1.2. La obra se encuentra dividida en dos partes. Dada la complejidad constructiva del texto sería conveniente proceder a una fragmentación en *cuadros* (elegimos esta denominación por la importancia que el lugar donde se desarrollan las acciones adquiere en los distintos momentos de este drama), que, a su vez, se podrán subdividir en unidades más pequeñas *(secuencias)* atendiendo: al motivo de interés principal que se manifieste en ellas, a la presencia o ausencia de personajes, al funcionamiento de los espacios.

La «Parte primera» está dividida en siete cuadros (la calle, la casa de Velázquez, el obrador, nuevamente la casa del pintor, de nuevo el palacio, la casa de Velázquez y la calle), cada uno contiene una serie de secuencias en las que se presentan los personajes, se informa sobre la relación existente entre ellos y se plantean los principales elementos temáticos y argumentales. También surgen incógnitas que constituirán otros tantos resortes de atención para el receptor. Ejemplo: el primer cuadro transcurre en la calle, y en los lugares de las viviendas que dan a ella (balcones); funciona para que se presenten los personajes del *marco* (Martín y Pedro) y algunos de los que intervienen en menor medida en la trama y configuran el ambiente (las dos meninas, doña Marcela de Ulloa, don Diego Ruiz de Azcona, un dominico y un soldado).

Se pueden considerar en él cinco secuencias relacionadas con la aparición de personajes:

- En escena, Pedro y Martín. En el monólogo de este último reside la intención distanciadora a partir de su conciencia metateatral y destemporalizada. La identidad del público.
- Se hace referencia a un tiempo pasado y se plantea una incógnita cuando le dice a Pedro: «Para ti no es bueno el aire de Palacio». Velázquez aparece como personaje aludido. Se inicia un proceso: Pedro busca al pintor.
- Salen al balcón las meninas. Los personajes del *marco* intervienen en la historia. Se pone de manifiesto la calidad social de Martín y se perfila el ambiente de la época.
- La presencia de doña Marcela atemoriza a doña Agustina. Llega el guardadamas. Tema de la vigilancia y el encierro. Irónica situación en una Corte corroída por los vicios y desmesuras.
- Desaparecen las jóvenes, y doña Marcela, en su protesta contra Martín, esboza un tema de la sociedad de la época («¡No se puede dar un paso [...] sin toparse con esta lepra de pedigüeños!») y de otras épocas.

— Tomando como ejemplo la secuenciación que proponemos, puede llevarse a cabo la división en el resto de los cuadros de esta primera parte. De esa forma se observará mejor cómo se conectan los hilos de la *trama* y en qué consiste la *peripecia* de los principales personajes, así como la función dramatúrgica que les ha sido encomendada.

— Hágase lo mismo con los cuadros de la «Parte segunda» (seis, atendiendo a la importancia del espacio). En ella, todos los elementos se conectan en función del final. Analícense, en especial, los *interrogatorios* llevados a cabo por Velázquez, en los dos principales espacios de la conflictividad (su casa y el palacio). Trabájese sobre el estudio psicológico que lleva a cabo el dramaturgo a través de su personaje y su habilidad para guiar el proceso dramático hacia su resolución.

2. SOBRE EL GÉNERO

En la Introducción indicábamos que el concepto de tragedia en Buero se definía por ser «el espectáculo del hombre desgarrado entre sus limitaciones y sus anhelos».

— Analícese desde esta óptica la lucha de Velázquez en los dos frentes principales: el de su ansia de libertad y el de la búsqueda de la verdad.
— Hágase lo mismo con los destinos de Pedro y la infanta María Teresa.
— La *acción del destino*. De qué manera está representada para cada uno de los personajes.
— En qué medida influye en el desenlace de las historias.
— Qué personajes son los más afectados por la adversidad en escena.

El dramaturgo ha utilizado diversos procedimientos para favorecer la intriga, velando intenciones de los personajes o la verdad de ciertas situaciones para que el receptor llegue a la sorpresa por el *reconocimiento* de la verdad. Sirvan como ejemplo el misterio sobre lo que Velázquez pinta a escondidas, o el que se cierne sobre la figura de Pedro y sus antecedentes. Estos reconocimientos afectan también a los personajes en su avance hacia el final.

 — Analícense estas situaciones (tanto las encaminadas a que el público *reconozca,* como las que funcionan dramáticamente sobre los personajes) y destáquense las que más influencia ejerzan en el proceso dramático.

La *catarsis* afecta a los individuos de la historia, cuando son capaces de *reconocerse,* y al receptor, cuando descubre el efecto de la falta y sus consecuencias.

 — Señálense los momentos en que los personajes se encuentran en dicha situación y analícese este efecto en el público, indicando las claves que lo proporcionan. Este ejercicio puede realizarse sobre los textos en los que el *reconocimiento* ha ejercido su misión clarificadora.

— Como en la tragedia clásica, un *error (hamartya)* desencadena la catástrofe. Velázquez lo comete al mostrar el cuadro prohibido. ¿Cuál es el error de Pedro? Analícese en qué sentido son *catastróficos* sus desenlaces.

La tragedia bueriana posee una estructura *abierta* y *esperanzada.*

— Analícense ambos conceptos en la pieza que nos ocupa, teniendo en cuenta a la figura dramá-

tica de la infanta María Teresa, y el proceso vital
que, en escena, sigue Velázquez.

3. SOBRE LAS ACOTACIONES

3.1. El diálogo entre personajes ha sido considerado
como elemento distintivo y caracterizador del drama; no
obstante, el espectáculo emana, principalmente, del texto
de las *acotaciones*. Ellas son las encargadas de trasladar
el punto de vista que el autor tiene del montaje de su obra
para que los lectores (pertenecientes o no a la práctica
teatral) *construyan* su particular *puesta en escena*; en
ellas residen las nociones de tiempo y espacio; las indicaciones gestuales, de posición y de movimiento para los
actores, así como la caracterización física y psicológica
de los personajes. Signos procedentes de la luz, el color,
las sombras, los sonidos, la música o los objetos se localizan también en estos textos.

Desde las *acotaciones,* el dramaturgo, que en muchos
casos se comporta como un *director de escena,* da las
pautas para poner en pie la obra, ya desde sus aspectos
más objetivos (entrada y salida de personajes, disposición
de los elementos del decorado, división y valores del *espacio escénico,* aspecto y gestualidad de los personajes,
presencia de la luz y los sonidos, o ausencia y matizacio-
nes de estos y otros elementos); ya induciendo el punto
de vista del receptor a partir de un sistema expresivo con-
notado por sus ideas y opiniones o por procedimientos de
la lengua que impliquen subjetividad (epítesis, compara-
ciones, tropos, ironía, etc.), todo ello para dar la *visión*
particular que él posee de personajes y situaciones.

Teniendo en cuenta estas dos actitudes, usamos la expresión *acotaciones funcionales* para las que encaminan
objetivamente hacia la puesta en escena y *acotaciones
autónomas* para las que, normalmente sin abandonar esta

finalidad, tienen un tratamiento lingüístico subjetivo que induce la mirada del lector hacia el punto de vista del dramaturgo. En este texto, además, hemos de fijar nuestra atención en lo que llamaremos *acotaciones técnicas,* mediante las que el dramaturgo precisa con exactitud las medidas y la situación exacta que han de tener los elementos del decorado, o puntualiza sobre el material o la forma y utilidad de los objetos que han de ser manejados durante la representación. Puede hacerse extensivo este concepto a la descripción de obras de arte o técnicas empleadas por sus artífices.

A veces, las indicaciones para la puesta en escena se encuentran en el diálogo de los personajes y no en los textos descriptivo-narrativos que los acompañan. Maneja el dramaturgo entonces una modalidad de *acotación implícita* con la misma funcionalidad dramática que la que aparece como palabra del autor.

Además de mostrarse como director de escena en sus acotaciones, en esta pieza Buero Vallejo ofrece la faceta de técnico, sin olvidar nunca la *voluntad de estilo* que guía la elaboración de su expresión literaria en los *textos secundarios.*

 — Analícese «El decorado» (pág. 60) a la luz de las indicaciones anteriores.

— Hágase un recuento de las voces técnicas que usa el dramaturgo en esta y otras acotaciones. Puede hacerse este ejercicio sobre el texto dialogado, referido a los vocablos que formen el campo semántico de la pintura. Coméntense después algunos de sus artículos teóricos sobre temas de arte y contémplense las reproducciones de su *Libro de estampas.*

— Realícese un debate sobre Buero Vallejo y la pintura.

— Tras el análisis de las acotaciones para distinguir los distintos tipos, conviene trabajar sobre el concepto *histórico* aplicado a la escenografía de este drama.

— Rastrear en la pieza las *acotaciones implícitas* para comprobar cómo el dramaturgo proporciona, aun sin enunciarlos, diversos matices que ilustran la lectura escénica que proponemos.

3.2. Además de lo que habitualmente se entiende por *acotaciones,* también hemos de clasificar así otros textos que influyen en la comprensión de la obra o en su puesta en pie. Desde este punto de vista, se pueden considerar *didascalias:* el título que la presenta; la enumeración de los personajes y la «Nota» que aparece al frente del texto.

Analícense, teniendo todo ello en cuenta:

 — El título de la pieza en relación con el cuadro que la inspira y con la intención con que escribe su obra el autor.

— Establézcase el debate sobre el concepto de *teatro histórico,* basado en la autenticidad de los nombres de los personajes. Pueden obtenerse datos en la «Introducción», en las notas que acompañan al texto y en las fuentes bibliográficas directas.

— Idéntico ejercicio de comprobación y debate se puede establecer con las nociones de tiempo y espacio que el dramaturgo indica después del «Reparto»

— Analícese la «Nota» a la luz de la actitud de Buero Vallejo como intelectual comprometido con los problemas de su entorno.

4. SOBRE EL TIEMPO

Es el tiempo un componente sustancial del hecho dramático, que puede analizarse desde múltiples perspectivas (tanto en lo referido al texto como a su representación).

En la pieza que nos ocupa, por pertenecer a la modalidad de *teatro histórico* (véase el apartado correspondiente de la Introducción), es necesario considerar un tiempo extraliterario, el del momento elegido por el dramaturgo para ubicar su fábula dramática, y un tiempo abstracto que surge de la fusión entre el tiempo de la historia representada y el punto de vista adoptado por el receptor de cada momento *(mediación),* tiempo distanciador que favorece la reflexión entre «lo que sucedió y lo que nos sucede».

En el plano de los contenidos, el *tiempo dramático* o de la historia escénica cuenta con un *tiempo omitido,* condicionante de casi todo lo que ocurre en escena; y con unos tiempos que son aquellos en los que tienen lugar los hechos narrados. Estos momentos representables se pueden ofrecer en el orden de sucesión de los hechos, como si fuese tiempo real, o pueden mostrar una apariencia de orden y continuidad, cuando en realidad el dramaturgo ha seleccionado secuencias de unas vidas que, dispuestas para su representación, dan apariencia no discontinua.

 — Compónganse cronológicamente las historias del tiempo omitido que condicionan en el drama las acciones de Pedro Briones y Velázquez. Éste posee una historia profesional y otra familiar. Reconstrúyanse ambas.

— Recupérense las historias de Martín y de doña Marcela de Ulloa.

— Acudiendo a un manual de Historia de España, hágase un resumen de la etapa del reinado de Felipe IV que aparece en el drama. Pueden utilizarse las notas al texto que explican los sucesos y personajes históricos aludidos en la obra.

— Martín, como personaje que soporta la identidad del mendigo que sirvió de modelo a Velázquez para su *Menipo,* procede de un tiempo pasado; al desembocar en la escena *salta* al presente de la representación para dirigirse a un público, a quien va a referir la historia. Con la ayuda de la Introducción, analícese el valor que este personaje da a los *tiempos* de la pieza.

— La manipulación del tiempo es característica en la construcción dramatúrgica bueriana. Recuérdese el valor simbólico que este elemento adquiere ya en su primera obra estrenada *(Historia de una escalera);* el alarde constructivo que supone la sujeción del *tiempo escénico* al *tiempo dramático (Madrugada);* la intersección temporal que da lugar a los sucesos de *El tragaluz;* o la inmersión en el pasado de donde parte la trama de *La detonación.* En *Las Meninas* también se advierten diferentes nociones temporales, y una de las más interesantes es la que viene a través de la figura de Martín. Debátase la noción de *tiempo de la mediación.*

— Préstese atención a la estructura fragmentada del tiempo representable que, sin embargo, aparenta *continuidad* en los acontecimientos de su argumento. Para analizar este aspecto pueden recogerse todas las nociones que concretan el momento del día en el que se desarrolla la acción y el tiempo que transcurre de unas secuencias a otras.

— Analícese el final como tragedia abierta a la esperanza futura.

5. SOBRE EL ESPACIO

El espacio también es un constituyente básico del género, que, por su capacidad de *representación* ante un público, requiere un lugar y, por transmitir historias a *imitación* de la realidad, necesita de un entorno donde ubicarlas.

Como indicábamos en la Introducción, en *Las Meninas* el dramaturgo continúa con la concepción abierta que inauguró en *Un soñador para un pueblo,* pero avanza más en la complejidad escénica ofrecida en ella.

 — Tras leer atentamente «El decorado», enumérense los espacios concebidos por Buero para esta historia.

— Como sucede con el tiempo, algunos espacios que no se ven influyen en la trama que presenciamos. Analícense desde esta perspectiva lo que significan Italia para Velázquez y la condena en galeras para Pedro.

— Analícense los espacios interiores de la sala de la casa del pintor y del obrador como espacios del conflicto, la investigación (búsqueda de la verdad), la conspiración, la envidia, el abuso.

— Considérese la calle como espacio de persecuciones, intrigas, amenazas y tránsito.

— Desde el punto de vista de la intención renovadora que inspira a nuestro dramaturgo, analícese la disposición de espacios simultáneos en escena.

— Analícese el valor distanciador que los espacios simultáneos adquieren en el drama.

— A partir de lo que dicen los personajes, coméntense los caracteres de la vida de Palacio.

— Analícese la relación entre espacios estáticos (cuadros) y espacios dinámicos (escena); para ello, atiéndase al protagonismo de los personajes velazqueños y a la noción pictórica que ofrece el título.

— Como actividad complementaria, tras la lectura atenta de las acotaciones relacionadas con los espacios, realícense uno o varios proyectos de decorado.

6. Sobre los personajes

El análisis de los personajes es preciso abordarlo desde diversos ángulos. En esta pieza hay que tener en cuenta la traza histórica con la que vienen marcados, además de observar los datos que el texto presenta sobre ellos; lo que indica el autor desde las acotaciones; o lo que ellos mismos aportan con su aspecto, palabras y acciones, y lo que cada uno opina de los demás.

 — Extráigase de las acotaciones lo que el autor dice para presentar a cada una de sus criaturas y compárese esta imagen con la que ofrecen de ellos la historia o los cuadros donde algunos fueron retratados.

— Velázquez no es, en el drama, un personaje absolutamente inocente. Se encuentra afectado por la *hybris,* puesto que ha cometido errores que lo hacen merecedor de castigo. ¿Cuáles son los errores? ¿En qué consiste el castigo?

— En la dramaturgia bueriana encontramos entre los personajes la dicotomía *soñador/activo.* ¿Quiénes representan estas personalidades en el drama?

— La perfección está siempre en la síntesis de ambas posturas. ¿Qué personaje en la pieza reúne ambos caracteres?

— Si consideramos a Velázquez el protagonista de la obra, ¿quiénes son sus oponentes y quiénes sus coadyuvantes? ¿Por qué? Hay personajes que sin oponerse al protagonista tampoco actúan a su favor; ¿quiénes son y por qué lo hacen?

— Establézcase un debate sobre la relación entre doña Juana y su marido.

— Analícese el comportamiento en el drama de don José Nieto Velázquez, proyectando después la situación a un posible suceso presente.

— Analícese el personaje de la infanta María Teresa, atendiendo a todas las fuentes de información que proporciona el drama. Opóngase la imagen obtenida a la de su perfil histórico.

— Inténtese un ejercicio de construcción de personaje a partir del modelo bueriano.

7. SOBRE EL LENGUAJE

En teatro, además del lenguaje verbal, se congregan una gran variedad de códigos que poseen significado dramatúrgico. Aunque este drama es rico en signos no verbales (los que configuran el espacio sonoro o los que proceden del ámbito de la pintura), la palabra adquiere relieve especial. No es sólo el vehículo de transmisión del mensaje, sino que actúa además como elemento dramatúrgico caracterizador de la misma forma que el maquillaje, el vestuario o el peinado. Buero ha elaborado un pulcro y cuidado registro lingüístico que se amolda al tiempo de la acción y a la categoría e intenciones de los personajes.

 — Clasifíquese a los personajes por su forma de hablar. A pesar de que todos responden al decoro de la lengua de los Siglos de Oro, algunos se individualizan por el empleo de un léxico más popular (Martín), por sus alusiones a lo diabólico (Nieto), por su propensión a la doblez (Nardi), por su sentido del humor (Velázquez).

El dramaturgo aporta rasgos para esta caracterización a partir de las acotaciones.

 — Anótense todas las precisiones lingüísticas con que el autor caracteriza a sus criaturas desde las *didascalias*.

— Realícense repertorios léxicos de arcaísmos y tecnicismos

— Recójanse y analícense las unidades morfológicas y las estructuras sintácticas que sean, en realidad, arcaicas o aquellas que, sin serlo, evoquen pasado.

— Debátase el concepto *histórico,* aplicado a este drama, basándolo en la expresión verbal.

8. CONCLUSIÓN

 — Valoración del drama desde su recepción actual, como literatura dramática y como posible espectáculo.

— Debátase su vigencia en cuanto a los componentes temáticos e ideológicos.

COLECCIÓN AUSTRAL

EDICIONES DIDÁCTICAS

Miguel de Cervantes
402 **Novelas ejemplares. Selección**
CONTIENE: **La gitanilla / Rinconete y Cortadillo /
El casamiento engañoso / El coloquio de los perros**
Edición y guía de lectura de Florencio Sevilla y Antonio Rey

Gustavo Adolfo Bécquer
403 **Rimas y leyendas**
Edición y guía de lectura de F. López Estrada y
M.ª Teresa López García-Berdoy

Antonio Buero Vallejo
404 **Historia de una escalera**
Edición y guía de lectura de Virtudes Serrano

Rosalía de Castro
406 **En las orillas del Sar**
Edición y guía de lectura de Mauro Armiño

José de Espronceda
417 **Prosa literaria y política / Poesía lírica / El estudiante de Salamanca /
El diablo mundo**
Edición y guía de lectura de Guillermo Carnero

Lope de Vega
418 **El caballero de Olmedo**
Edición y guía de lectura de Ignacio Arellano y
José Manuel Escudero

Camilo José Cela
421 **La colmena**
Edición y guía de lectura de Eduardo Alonso

Francisco de Quevedo
436 **Los sueños**
Edición y guía de lectura de Ignacio Arellano y
M.ª Carmen Pinillos

Miguel de Cervantes
451 **Entremeses**
Edición y guía de lectura de Jacobo Sanz Elmira

Rosalía de Castro
462 **Cantares gallegos**
Edición y guía de lectura de Mauro Armiño

Voltaire
464 **El ingenuo y otros cuentos**
Edición y traducción Mauro Armiño
Guía de lectura de Francisco Alonso

Benito Pérez Galdós
470 **Miau**
Edición de Germán Gullón
Guía de lectura de Heilette van Ree

AA. VV.
472 **Antología de la poesía española del Siglo de Oro**
Edición de Pablo Jauralde Pou
Guía de lectura de Mercedes Sánchez Sánchez

Antonio Buero Vallejo
473 **Las meninas**
Edición y guía de lectura de Virtudes Serrano

Carmen Martín Gaite
475 **Cuéntame**
Edición y guía de lectura de Emma Martinell

Enrique Jardiel Poncela
478 **Angelina o El honor de un brigadier / Un marido de ida y vuelta**
Edición de Francisco J. Díaz de Castro
Guía de lectura de Almudena del Olmo Iturriante

Gustavo Adolfo Bécquer
482 **Desde mi celda. Cartas literarias**
Edición y guía de lectura de M.ª Paz Díez-Taboada

Miguel Hernández
487 **Antología poética**
Edición y guía de lectura de José Luis V. Ferris

Friedrich Nietzsche
493 **El gay saber**
Edición y guía de lectura de José Luis Jiménez Moreno

José Sanchis Sinisterra
495 **Ay, Carmela / El lector por horas**
Edición y guía de lectura de Eduardo Pérez Rasilla

Enrique Jardiel Poncela
497 **Cuatro corazones con freno y marcha atrás /
Los ladrones somos gente honrada**
Edición y guía de lectura de Fernando Valls y David Roas

Boccaccio
511 **Decamerón**
Traducción de Pilar Gómez Bedate
Edición y guía de lectura de Anna Girardi

Luis Rojas Marcos
516 **La ciudad y sus desafíos**
Guía de lectura de Francisco Alonso

Voltaire
525 **Cándido o el optimismo**
Edición y traducción de Mauro Armiño
Guía de lectura de Francisco Alonso

Luis Mateo Díez
529 **Los males menores**
Edición de Fernando Valls
Guía de lectura de Enrique Turpin

Juan Marsé
536 **Cuentos completos**
Edición y guía de lectura de Enrique Turpin

Francisco Martínez de la Rosa
545 **La conjuración de Venecia**
Edición y guía de lectura de Juan Francisco Peña

Enrique Gil y Carrasco
546 **El señor de Bembibre**
Edición y guía de lectura de Juan Carlos Mestre y Miguel Ángel Muñoz

Rafael Sánchez Mazas
552 **La vida nueva de Pedrito de Andía**
Edición y guía de lectura de María Luisa Burguera

Arturo Pérez-Reverte
561 **El maestro de esgrima**
Prólogo de José María Pozuelo Yvancos
Guía de lectura de Enrique Turpin

Miguel Delibes
571 **El camino**
Introducción de Marisa Sotelo
Guía de lectura de Fernando de Miguel

Carmen Laforet
572 **Nada**
Introducción de Rosa Navarro Durán
Guía de lectura de Enrique Turpin

George Orwell
573 **Rebelión en la granja**
Introducción de Rosa González
Guía de lectura de Francisco Alonso

Rafael Sánchez Ferlosio
575 **El Jarama**
Introducción y guía de lectura de María Luisa Burguera

Ramón J. Sénder
576 **Réquiem por un campesino español**
Edición y guía de lectura de Enrique Turpin

Camilo José Cela
577 **La familia de Pascual Duarte**
Introducción de Adolfo Sotelo
Guía de lectura de Antonio Cerrada